中公新書 2554

山内昌之
細谷雄一 編著

日本近現代史講義

成功と失敗の歴史に学ぶ

中央公論新社刊

目次

日本近現代史講義　成功と失敗の歴史に学ぶ

序章　令和から見た日本近現代史

――ヘロドトスの「悪意」から劉知幾の「公平」へ

山内昌之

変化の構造――歴史と時間

「ああ、不幸なことは幸運なことよりも、なんとたやすく世間の耳に届くことか」とは、プルタルコスの紹介する詩句断片である（『モラリア』第六巻、戸塚七郎訳、京都大学学術出版会、二〇〇〇年）。

二〇一五年は、第二次世界大戦の終結、つまり日本の敗戦から七〇年にあたっていた。七〇年という数字は、歴史を見る上でことさらに意味があるわけではない。他方、二〇一八年は、第一次世界大戦の終結から一〇〇年に相当する。二つの大戦を日本人にとって不幸と幸運に二分するつもりはないにせよ、日本人にとって第一次世界大戦はあまりにも知識がおぼろげな反面、第二次世界大戦の敗戦経験は誰もが忘却できない重みを持っている。

歴史の基礎的な素材は時間であり、時間を歴史で問題にするときは、二つの「進歩」という性格が緊密に結びついている。日本の敗戦という史実は、イエスの生誕やイスラームのヒジュラ暦元年といった時間のように、政治外交や社会文化で起きた流れの中で意味を求める年代記的な出発点を確定する場合に不可欠となる。また、七〇年や一〇〇年という数字は、フランスの歴史家ジャック・ル・ゴフが二四時間から成る一日、一〇〇年から成る世紀を「時間の区分」（時間の計測可能な単位）と呼んだひそみにならうなら（『歴史と記憶』新装版、立川孝一訳、法政大学出版局、二〇一一年）、歴史の流れを前向きに「幅」や「束」として象徴的に捉《とら》える場合に意味をもつだろう。

戦後七〇年や戦後一〇〇年という「時間の区分」は、もともと歴史に潜む時間を「進歩」の文脈で捉える場合に、ますます有効になる。歴史における「時間」の流れは、人びとの記憶だけでなく、その時代に特有であるか、何らかの意味で優勢な世界観や「歴史認識」と結びつきがちだからだ。その点で言えば、二つの大戦から七〇年や一〇〇年経った時間の区切りは、内外に負の遺産や記憶を残した大日本帝国の崩壊と結びつくとともに、大正デモクラシーで挫折《ざせつ》した平和主義や国際協調主義を新たな日本国の出発によって蘇生・発展させた「時間の区分」を異なった意味で表現しているのだ。

世界史に目を転じれば、二〇一五年は第一次世界大戦中のトルコ人（オスマン帝国）によるアルメニア人の「大惨事《グレート・カタストロフィー》」から一〇〇年にあたっていた。アルメニア人は約一五〇万人の同胞がトルコ人らに虐殺《ぎゃくさつ》されたと主張し、トルコ共和国の政府と国民による謝罪と賠償を要求してきた。そこでも、東アジアの日中韓三国と同じように、トルコとアルメニア共和国の現代政治外交とからみあう複雑な歴史認識の問題が起きている。アルメニアの首都エレヴァンでは二〇一五年四月二十四日に、アルメニア人の受けた「ジェノサイド（集団虐殺・集団抹殺犯罪）」の犠牲者を追悼《ついとう》する式典が開かれた。そこに出席したのは、ロシアのプーチン大統領とフランスのオランド大統領である。

他方、アルメニアが「大惨事」を悼《いた》んだ翌日の二十五日、トルコは第一次世界大戦中にガリポリ半島で英本国軍とアンザック（豪州とニュージーランド）軍を撃退した、〝騎士道的精神〟に溢《あふ》れた最後の戦《いくさ》を追悼する行事を催した。そこに参加したのは、英国のチャールズ皇太子や豪州のアボット首相、ニュージーランドのジョン・キー首相である。エルドアン大統領は英連邦首脳らを儀式に参加させることで、アルメニア人の批判する「ジェノサイド」問題を相殺する外交成果を上げたともいえよう。私は二〇一八年九月に、アンザックが上陸して激戦が繰り広げられたガリポリの海岸を訪れたことがある。いまは静かな渚《なぎさ》に音もなく忍び寄り、ひっそりと退いていく波は、人びとの記憶の退化をさりげなくなじるかのようだった。トルコ共和国初代大統領となったアタテュルクの、波打ち際の碑に見える言葉は感動に値する。

「その血をこの国の地で流した英雄たちよ！　君たちは此処友邦の大地にいる。それゆえに、安らかに眠り給え。君たちはイスラーム教徒と一緒に眠っている。互いに相手の腕に抱かれるかのように。その息子たちをはるか遠い国から送った母親たちよ！　あなたの涙を拭い給え。息子たちはいまや我々の胸に抱かれている。彼らはいまや平穏であり、平和に安らいでいる。この地で命を失った後、彼らもまたここで永遠に我々の息子となったのだ」（一九三四年）

しかし、アルメニア人にとってはアタテュルクも「大惨事」に責任のある人物なのだ。西部の激戦で内外の死者を等しく悼むかのような文言は、東部アナトリアで運命を強制的に変えさせられたアルメニア人の末裔《まつえい》には素直に受け入れられない。しかも厄介《やっかい》なのは、現代トルコ人が虐殺の人為性を決して認めず責任を問われる謂《い》われがないと信じていることだ。

七〇年や一〇〇年という「時間の区分」は、見る立場が違えば、過去にこだわり続けるのか、未来を見つめることで歴史を止揚《しよう》するのか、視角の違いで評価の論点は違ってくる。それが歴史認識のむずかしさなのだ。日本と中韓との関係を見ればわかるように、歴史認識は単純に過去にのみ関わる問題ではない。過去以上に、それぞれの時代を生きる人びとの切実な問題こそが歴史認識なのであり、そこには時代の状況が複雑に反映している（木村幹『日韓歴史認識問題とは何か――歴史教科書・「慰安婦」・ポピュリズム』ミネルヴァ書房、二〇一四年）。

歴史認識の問題とは、戦争犯罪や植民地支配といった第二次世界大戦前の問題である以上に、戦後の帝国解体や植民地支配終焉《しゅうえん》後の処理や解釈に関わる問題なのである。つまり、歴史があって歴史認識が存在するのではない。むしろ或る立場による歴史認識がなければ「歴史」も存在しようがないのだ。

南京《ナンキン》事件については、私も参加した日中歴史共同研究でも、日本側委員は南京事件の死者数について二〇万人を上限とし、四万人説や二万人説もあると諸学説を虚心に紹介した一方、中国側委員は一致して被害者総数を三〇万以上だと断定して譲らなかった。

特定の事件だけが記憶され批判され続けるのは、歴史認識というランプの当て方で被写体の見える部分に濃淡ができてしまうからだ。国民統合や世論を意識した外交は、政権が替わる都度、ライトの当たっていた箇所をますます強く主張するだけでなく、当たっていなかった箇所も新たな問題に追加する場合もある。これは、どちらかといえば韓国の文在寅《ムンジェイン》大統領の認識であろう。歴史の堅実な究明よりも、「加害者」の責任と「被害者」による追及の関係を恒常化するメカニズムが自己運動を始めてしまうのだ。大事なのは史実でなく、政治の論理に基づいて相手を外交的に屈服させることなのだ。これは文大統領による「慰安婦」合意の全面撤回、徴用工をめぐる日本企業への賠償判決によく表れている。

他方、中国政府と中国共産党は、日本が戦後七〇年間歩んできた平和国家の実績や中国の繁栄へのODA（政府開発援助）を介した貢献を、日本の反省や謝罪の謙抑《けんよく》な現れとして認めようとしてこなかった。ことのついでに言えば、大躍進による飢饉《ききん》の死亡者数一五〇〇万人（ある外国人の人口統計学者の推計では三〇〇〇万人）や、文化大革命の死者数四〇〇万人と被害者一億人という推計はあっても、中国当局の公式数字資料は発表されていない。天安門事件では北京《ペキン》で一万、他都市で二万の死者が出たと推計されてきた。歴史における同胞の悲運やその実数さえ公表していない国が、南京事件など特定の歴史事象について数字を明快に示すのは、歴史を史実性でなく政治性から見るからだ。

「千年恨」と最高のオムレツ

二〇一三年三月一日の三・一独立運動記念式典において朴槿恵《パククネ》前大統領は、「（日本と韓国の）加害者と被害者という歴史的立場は、一〇〇〇年の歴史が流れても変わりようがない」と発言した。時間の学問として歴史学にこだわる人なら、一〇〇〇年の歴史とは、どこを起点としているのか尋ねたくもなるだろう。韓国併合の一九一〇年（明治四十三年）から一〇世紀も先の未来へのヴェクトルなのか、それとも二〇一三年から一〇世紀先に向けた発言なのか、あるいは情緒や信念だけで一〇〇〇年という時間の幅を無造作に呼び出したのか。はたまた、個別に「慰安婦」が生み出された不定時の過去から「加害者」と「被害者」の関係が生まれ、爾来《じらい》一〇〇〇年を過ぎても二者の関係が変わらないというのだろうか。いずれであろうと、「千年恨」じみた立場をとる限り、政治外交での妥協や譲歩は本質的に難しく、いかなる努力をしても歴史認識での歩み寄りは表面だけの和解儀式にすぎないことになる。実際に、二〇一五年四月三日、韓国外務省高官は日本との歴史問題に関して「加害者というものは（被害者に）一〇〇回でもわびるべきではないのか。何回（謝罪を）しようと関係ない」と述べたようだ（聯合《れんごう》ニュース）。しかし政権が替われば次代の韓国政府も、とくに世論は反日だけは継承し、一〇〇回わびても納得しないというかもしれない。次には一〇〇〇回、一万回わびても不十分だと言うに違いない。

これは韓国の歴史認識へのこだわりが史実の厳密な確定よりも、加害責任の強調や謝罪といった歴史の枠組みを政治外交の道具として捉え、これからもずっと日本人相手に使い続ける権利を留保したいからだ。実際、韓国の文喜相《ムンヒサン》国会議長は、二〇一九年二月七日に「慰安婦問題の解決には天皇の謝罪が必要」であり、先の天皇を「戦争犯罪の主犯の息子」だと断定したものだ。そのうえ、同十一日、日本側の反論を受けて、「日本側は数十回謝罪したと言うが、そんなことはない」と再反論した。「加害者」と「被害者」の関係は永遠に変わらないと考える立場に関する限り、政敵の関係にある文在寅大統領や文議長も朴前大統領と変わらないのだ。しかし、時には孔子にならって、「成事は説かず　遂事《すいじ》は諫《いさ》めず　既往は咎《とが》めず」という理想論を咀嚼《そしゃく》するのも大事ではないか（『論語』八佾《はちいつ》）。

さて、歴史の時間区分とその意味付けに相対的な意味はあっても、絶対的な正しさを見出《みいだ》すのは難しい。私が大学の二年生だった一九六七年には、各雑誌でロシア革命五〇年の特集が組まれ、アイザック・ドイッチャーの『ロシア革命五十年』も新書に翻訳され若い世代に読まれた。しかし、二〇一七年にロシア革命一〇〇年を迎えた世界や日本の世論や論壇は、他ならぬロシアを含めて五〇年のときと異なりほとんど無関心といってもよかった。極端に言えばスターリン主義史観を正当化するクロノロジーを忘れるか、無視した理由は、ロシア革命一〇〇年なる事業が歴史の根本要素ともいうべき自由と進歩のリズムを否定した忌《い》まわしい歴史を思い起こさせるからだ。

英国の政治思想家アイザイア・バーリンが述べていたように、人類を永遠に公平で幸福、創造的に調和させるためだと信じる以上、それに払う代償が高すぎたとしても犠牲や粛清《しゅくせい》に逡巡《しゅんじゅん》しないのは、最高のオムレツを作るためならば、割るべき卵の数に制限はないと考えるのと同じなのだ。これはスターリンだけでなく、レーニンやトロツキーや毛沢東《もうたくとう》にも共通する考えである。そこにポルポトの信念も加えたバーリンがもし生きていたなら、同じく金正恩《キムジョンウン》とその父・祖父も加えていたに違いない（I・バーリン、R・ジャハンベグロー『ある思想史家の回想――アイザィア・バーリンとの対話』河合秀和訳、みすず書房、一九九三年)。

革命や建国の理念のためなら人びとの犠牲を正当化できるという理屈は、自分のレシピに酔いしれたコックと同じく、自己中心的な革命運動家や超国家主義者でもなければ現代の市民に受けいれられない。例外があるとすれば、まさに北朝鮮くらいであろう。スターリン主義と主体思想を結合した金家三代の統治は、主体暦《チュチェリョク》という一九一二年(金日成《キムイルソン》生誕年)を元年とする時間区分を使い、独自の歴史のリズムを刻んでいる。

確かに歴史は、直線的には進まない。それはしばしば試行錯誤を交えながらジグザグに進むものなのだ。二〇一二年元旦の『アラブ・ニューズ・コム』は、アラブの春が生じた二〇一一年を中東アラブの人びとにとって「世界を変えた年」であり、「試合ルール変更の年」と謳い上げたことがある。それは「瀕死の年の暗黒」を打ち破る希望を人びとにもたせた年でもあった。そして、二〇一二年こそ歴史で「沈滞以外を約束する年」になると予測した。しかし、シリアやイラクに始まり、リビアやイエメンで猖獗《しょうけつ》を極める苛酷《かこく》な内戦は、歴史への期待を打ち砕いたかのようだ。とはいえ、アラブの市民が長期にわたった個人独裁と専制支配を打破したのは、新たな歴史の出発点として意義を失わないだろう。

日本1・0の起点はどこか

近現代の歴史解釈には多くの誤解もつきまとう。その一つは、日本にはこれまで国家戦略がなく、日本人には戦略的思考もないという不幸な思い込みである。これは、他ならぬ日本の世間にもかなり浸透している。そもそも戦略という言葉を嫌う人も多い。かつてある省庁で私が座長を務めた文化戦略に関わる有識者懇談会に際して、戦略の戦は「戦争の戦」、略は「侵略の略」だから文化を語るネーミングとしてふさわしくないと語った人がいたのには仰天した。もちろん戦略とは軍事だけでなく、政府官庁や企業・大学はじめ各組織が国民と国家の将来を見つめながら、長期的な運営を図る方策や目標を達成するシナリオの意味でもある。この点で、日本人が戦略下手どころか、歴史的にすこぶる高度な「戦略文化」を駆使してきたというエドワード・ルトワックの議論は示唆に富んでいる（『日本4・0——国家戦略の新しいリアル』奥山真司訳、文春新書、二〇一八年）。ルトワックによれば、この四〇〇年を見ただけで、日本人はつねに「完全な戦略的システム」を作り上げてきたというのだ。

ルトワックが四〇〇年の基礎として「日本1・0」と呼ぶべき平和と繁栄の起点を近代の明治維新でなく、近世の江戸システムと徳川家康《とくがわいえやす》のリーダーシップに求めたのは慧眼《けいがん》といってよい。日本近現代史講義の基礎と根拠を深掘りするには、日本の近世と近代の断絶と変革を強調するのでなく、その間の連続性を見る視点も欠かせない。

江戸幕府をつくった家康は、戦国時代の内戦を完全に封じ込めながら、完璧な「ガン・コントロール」(銃規制)を作り上げた。大名の服従や統制を通して敵対者を消滅させる最高度の同盟戦略を江戸システムとして成功させたのである。まさに家康は、同盟の論理に精通した「天才的な戦略家」なのであった。こうして応仁《おうにん》の乱から戦国時代、そして豊臣秀吉《とよとみひでよし》の朝鮮侵略にかけて分裂していた日本に平和と安定を回復し、やがて二七〇ほどになる藩を統一した幕藩制複合国家にまとめあげたのである。この二七〇の藩はまさに、かつてムガル朝や英領インド帝国の存在した藩王国や、いまのアラブ首長国連邦(UAE)を構成しているアミールの小国家にほぼ等しく、かつてならドイツ帝国やハプスブルク帝国のもとにあった領邦国家としての王国や大公国や公侯国や大司教領にも似たものだった。

この平和と安定の江戸システムは、その後三〇〇年近くも有効であり、「パクス・トクガワナ(徳川の平和)」ともいうべき持続的な安定と繁栄の時代を世界史でも誇っている。一七七五年(安永四年)に出島《でじま》を訪れたスウェーデン人博物学者のトゥーンベリは、幕府のシステムにひどく感心し、グスタフ三世に幕府のような制度を作ればよいと進言した。「なるほど」と語った国王が暗殺されなかったなら、大名や参勤交代の制度が全部取り入れられ「ヨーロッパの歴史がもう一つ面白くなった」に違いないとドナルド・キーンは述べている(「世界の中の日本」、丸山雍成《やすなり》編『長崎街道——鎖国下の異文化情報路』日本放送出版協会、二〇〇〇年)。

徳川家康を「最高レベルの戦略家」と強調したルトワックの見方は、「稀有《けう》の軍人政治家」たる家康の「総合力」を評価する私の視角とも共通する（『文藝春秋』二〇一八年一月号より連載中の「将軍の世紀」参照）。戦争と平和と外交の全局で慎重さと大胆さ、知識欲と独創性を失わない家康は、統治者としてカエサルやナポレオンよりも成功を収めた。仲間や友人に裏切られて非業の死に追い込まれたカエサルや、自国民だけでなく数限りないヨーロッパ人を死と絶望に追い込んだナポレオンと異なり、血の粛清にも無縁であり対外戦争の冒険や侵略にも駆られなかった。父を追放し長男を死に追い込んだ武田信玄《たけだしんげん》や、兄や義兄を悲劇に導く上杉謙信《うえすぎけんしん》は、戦術家としては十字軍戦争のサラディンのレベルに匹敵するにせよ、三人ともに権威と権力の分離など多次元の幕藩制複合国家を実現した家康の力量には遠く及ばない（「将軍の世紀」第二回、『文藝春秋』二〇一八年二月号）。

さて明仁《あきひと》天皇は二〇一九年（平成三十一年）四月三十日に退位され、新天皇が五月一日に即位された。新年号は令和と決まった。出典は、『万葉集』巻五の「梅花歌卅二首并序（梅花の歌　三十二首、并《あわ》せて序）」にある一文である。「時《とき》に、初春《しよしゆん》の令月《れいげつ》にして、気淑《きよ》く風和《かぜやはら》ぎ、梅《うめ》は鏡前《きやうぜん》の粉《こ》を披《ひら》き、蘭《らん》は珮後《はいご》の香《かう》を薫《かをら》す」。

二〇二〇年の東京五輪で開会を宣言するのは令和の新天皇になる。また二〇二〇年には隠れたクロノロジーも込められている。それは、江戸に徳川家康が入部した「八朔《はっさく》」（旧暦八月一日）から四三〇年目に当たり、関ヶ原合戦からも四二〇年を数えるということだ。寒村だった江戸は八朔の後に、徳川幕府の力によって一世紀ほどで一〇〇万の人口を擁する大都会に成長した。ほぼ同時代のロンドンの人口は四六万人、十八世紀末から十九世紀初のパリは五五万人、ベルリンは一五万人ほどである。行政の中心地にして巨大な消費都市「お江戸」の繁栄ぶりが偲《しの》ばれる。東京の基礎は、埋め立てや上下水道整備を含めた家康の都市計画と土木工事によって造られたといえよう。

しかも江戸は、治安の良さと公衆衛生の先進性で他を圧していた。明治維新を迎えて新政府を江戸に置いたのは、大名屋敷を官公庁とすることで無駄《むだ》な出費を避け、新たな行政官僚や企業本店を創出して近代首都機能を充実させながら、巨大な消費地に失業者や廃業者が出ないよう百年の計を立てたからである。

パクス・トクガワナと日本1・0

家康が造った江戸城はそのまま皇居となり、およそ四三〇年後にも首都の中心として緑のやすらぎを国民に与えている。そして家康は、二七〇年に及ぶ戦争のない安定した国家を創り上げ、パクス・トクガワナによって、応仁の乱はじめ戦乱と無秩序を招いた中世のカオスに終止符を打った。また、初期産業化やプロト産業化を内部から醗酵《はっこう》させ、開国と産業革命に対応する近代を静かに準備した近世は、家康のリーダーシップがあって生まれたのではないか。

明治維新一五〇年にあたった二〇一八年を迎えて、家康の業績は忘却されがちだった。天皇と将軍、朝廷と幕府との安定した関係を築き上げて日本独自の国制を整備した家康の技量を見直すことで、江戸末期の光格《こうかく》天皇以来二〇〇年ぶりの生前譲位の歴史的意味も浮かび上がってくるのではないか。「狸親仁《たぬきおやじ》が白髪《しらが》首」と文楽『八陣守護城《はちじんしゅごのほんじょう》』で揶揄《やゆ》される家康の一般的イメージは、世界史的水準の政治家の本質を大きく歪《ゆが》めてきた点で賛成できるものではない。

家康の器量を古代ギリシアの詩人アルキロコスの比喩で表すとすれば、たくさんのことを知っているキツネと、大きなことを一つだけ知っているハリネズミの双方の面を持っていたことだ。三歳で母と生別した後、六歳から十八歳まで織田信秀《おだのぶひで》、今川義元《いまがわよしもと》の人質として辛酸《しんさん》を嘗《な》めた人生経験の豊かさは、武将・政治家に必要な戦略的構想力と戦術的緻密《ちみつ》さの糧ともなった。織田信長《のぶなが》や豊臣秀吉に忍従していたとき、彼はハリネズミの鋭さと独創性を隠し、キツネのように慎重に韜晦《とうかい》する術《すべ》を身につけた。しかし、いくら隠していても「嚢中《のうちゅう》の錐《きり》」はいつか必ず袋を破って表に出るものなのだ。およそ四二〇年前の関ヶ原合戦と征夷大《せいいたい》将軍宣下《しょうぐんせんげ》は錐が天下を確実に衝《つ》いた瞬間だったのだろう。理想を現実に変えていく家康の忍耐力と決断力は、「われ一人腹を切て、万民を助くべし」という覚悟に象徴されている。秀吉に迫られた上洛が陰謀だったとしても、それで戦が回避され多くの人命が助かるのなら、自己犠牲も厭《いと》わないというのだ。こうした達観は、過去も現在も最高指導者に必要なものだ。これは、経験だけでなく、日頃から読書に勤《いそ》しみ哲学や歴史に親しまないと身につくものではない。

家康は格別に備えなくても、詩文の会に臨めるほど文学的素養にも恵まれていた。大坂の陣のとき、近くの村に片葉の蘆《あし》があると聞いて蘆を刈らせると、外孫の池田忠継《いけだただつぐ》がこの辺の蘆は蘆でなく荻《おぎ》ですなと余計な注釈を加えた。すると家康は「難波《なにわ》の蘆は伊勢の浜荻」（世阿弥『蘆刈』）という言葉を知らぬのかと注意したという。為政者として、物の名や風俗・習慣などは土地により違うのを理解せよと、さりげなくたしなめる教養は家康らしい（『東照宮御実紀附録』巻一四）。しかし、治政や軍事と無関係の漢詩や和歌や連歌を作るのは好まず、儒学や歴史や兵学の漢籍や『延喜式《えんぎしき》』（律令の施行細則集成）や『吾妻鏡《あづまかがみ》』（鎌倉幕府の歴史書）を好んだ。カエサルのように『ガリア戦記』を書くほどの文筆家ではなく、ナポレオンめいた警句を即座にひねり出したわけでもない。

とはいえ家康には、専門家と相談して政治の困難を克服できる範囲で学問に親しめばよいというイスラームの統治論『アルファフリー』の教えに通じるたしなみがあった。家康は、天皇の政務の心がけを記した禁中並公家中諸法度《きんちゅうならびにくげちゅうしょはっと》をつくる際にも、朝廷や公家に伝わる秘蔵本を書写させたが、この事業のおかげで火事を免れて現代に残った古典や記録類も多い。家康は、ウマイヤ朝初代カリフのムアーウィヤの言、「王者たる者が特定の学問に深入りするのはよくない」という教えを知らずとも、統治者のたしなみに忠実だったのだ。

家康は秀吉と違って不必要な社寺建立や贅沢《ぜいたく》をしなかった。吝嗇《りんしょく》ではないが始末には厳しいのである。日常の食事も粕漬けの魚や浜名納豆くらいで済ませていた。朝から酒や鯛を楽しんだ後陽成《ごようぜい》天皇や後水尾《ごみずのお》天皇ら禁裏と比べても食事は質素そのものであった。努力の甲斐もあって家康は、大御所として駿府《すんぷ》に引退するとき、火事や自然災害などの臨時出費に備えるように、将軍秀忠《ひでただ》に金三万枚・銀一万三〇〇〇貫の蓄えをそのまま与えた。また家康は駿府に移って蓄財した約三〇〇万両の金銀から、御三家の尾張・紀伊両家に各三〇万両、水戸家に一〇万両を配分し、その後も御三家には二三万両を貸与している。金銀山や外国貿易の収入が主要財源であったにせよ、蓄財は家康に倹約の観念がなければありえない話であった（大野瑞男『江戸幕府財政史論』吉川弘文館、一九九六年）。

リーダーに不可欠なのは強運であることだ。家康は、秀吉の文禄《ぶんろく》・慶長《けいちょう》の役（壬辰《じんしん》・丁酉《ていゆう》の倭乱）に出兵せずにすんだ。武将として不義の戦いに血塗らずにすんだ好運は、修交の途絶えた朝鮮と中国との関係をその後に少しでも正常化に近づけ、朝鮮通信使の来日を恒例とする好条件となった。

また、薩摩《さつま》藩に捕らわれた琉球《りゅうきゅう》国中山《ちゅうざん》王の尚寧《しょうねい》が一六一〇年に駿府城の家康を訪れた際、輿《こし》（鳳輦《ほうれん》）で玄関先まで乗り付け、広間上段で「御対座」し、一国の王として鄭重《ていちょう》に礼遇された。これは家康が東アジアの政治力学を正確に理解し、琉球を朝鮮とともに明《みん》との接点として位置づける戦略的発想にも基づくのだろう。まさに、家康はリーダーとして「足ることを知って足る者は常に足る」という老子の言を過不足なく身に付けていたのだ。

家康の言葉として「天下の政は重箱を摺子木《すりこぎ》にて洗ひ候がよろしき」が残っている。すりこぎでは四角の重箱の隅まで洗えないように、国政はあまり細かいことに厳しく干渉せず大目に見るくらいがよいというのだ（『本阿弥行状記』日暮聖他訳注、平凡社、二〇一一年）。また、「水も極めてきれいであれば魚はすまない」という『後漢書《ごかんじょ》』班超《はんちょう》伝の記事も好きだったようだ。人を使うにも長所を取って欠点は捨て置くべきだというのは、家康の大局観をよく示している。

実際に、家康ほど多彩な人材の登用にたけた政治家は歴史に類を見ない。豪商や彫金師、直参ならぬ傍系登用の下級武士、京を離れた公家や名門武家の末流はもとより、英国人ウィリアム・アダムズ（三浦按針《みうらあんじん》）やオランダ人ヤン・ヨーステン（八重洲《やえす》の語源）らを側近に加えたのには驚かされる。「人の価値がわからないのは、すべて自分の智が明らかでないからだ。才能や智恵がある者を使いこなすことができず、役に立たない者とのみ国政を議論してはならない」(『東照宮御実紀附録』巻一八)。新天皇の即位と東京五輪を経験する令和の日本人としては家康の警句に学ぶべき点も多い。

第一次世界大戦終結一〇〇年——日本2・0の揺らぎ

しかし家康の「日本1・0」も子孫が手入れを怠《おこた》ると、黒船の来航と外圧のせいで明治維新による近代化と産業化の「日本2・0」に取って代わられ、さらに一九四五年の敗戦以降の「日本3・0」による経済成長国家に変貌《へんぼう》するなど、そのときに最適のシステムと同盟を日本が選びながら国を維持発展させてきた。第一次世界大戦の終結から一〇〇年にあたる二〇一八年は、「日本2・0」の破綻《はたん》と第二次世界大戦敗北による「日本3・0」の出発を考える上でも最適の年であった。それは、これまで日本人が経験しなかった東アジアの異質な核ミサイル危機に対応すべき新戦略とシステムの創出を考える歴史的根拠ともなるだろう。

日本は民需と軍需の両面で石炭から石油への燃料転換と、エネルギー安全保障という考えを第一次世界大戦で学ぶことができなかった。これこそ「日本2・0」が機能不全に陥る大きな原因であった。一九一二年にイギリスの海軍大臣チャーチルは、軍艦燃料の石炭から石油への転換で艦船の速度と行動範囲が大きく改善されたと述べた。これは商船についても言えることだ。「どの国にも、どのルートにも、どの油田にも一つだけに頼ることはない。石油の安全と安定は多様性にのみかかっている」という彼の名言は、エネルギー供給源の分散と多角化という点で、非産油国日本の戦略にこそ当てはまる戦略の本質である。

　しかし、第一次世界大戦で露呈した日本の弱点は、石油の需要と供給の両面で米英日という当時の海軍三大国の中で最も脆弱な存在だったことにある。多くの論者が指摘しているように、一九四〇年当時の日本の原油生産量は三三万キロリットルにすぎず、消費量の四六〇万キロリットルをはるかに下回っていた。石油の輸入依存度は約九二パーセントに達しただけでなく、輸入高の八一パーセントを仮想敵国のアメリカに依存していたのである。この逆説を克服できずに、アメリカを相手に戦争をした点以上に「日本2・0」の戦略的破綻を象徴するものはない。しかも二回のオイル・ショックは「日本3・0」の土台を揺らし、戦後日本の戦略的脆弱《ぜいじゃく》性を国の内外に印象づけた。

　第一次世界大戦は、一九一四年から一八年の当時でも、日本が交戦状態にあるという意識が国民にとって稀薄《きはく》な戦争であった。そこから死活の教訓を得る雰囲気は軍人から国民に至るまで無きに等しかった。日本は、ほとんど犠牲を払わずに、赤道以北のドイツ領南洋諸島を占領し、国際連盟による委任統治国となった。また、一時的に中国の山東《さんとう》半島におけるドイツ権益の継承を英仏米政府に認めさせ、アジア太平洋におけるアメリカとの勢力均衡にもひとまず成功した。

しかも、大戦開始の翌年後半から好況に転じた日本経済は、アジア市場からヨーロッパ製の商品が後退したあと、輸出市場を独占したことで空前の好況を迎えた。なかでも鉱山、造船、商事の三業種は花形産業として潤い、年五割や年七割などの配当をする会社も多く、にわか成金が続出した。中村隆英《なかむらたかふさ》氏などによれば、日本政府と日本銀行の保有する金貨は、一九一四年から一八年の間に約三億四〇〇〇万円から約一五億九〇〇〇万円に増加した。この結果、第一次世界大戦前まで約一一億円の債務国だった日本は、一九二〇年（大正九年）には約二八億円の対外債権を有する債権国に転換する（『昭和史』上下巻、東洋経済新報社、二〇一二年）。そして、農業国から工業国へと脱皮し、重化学工業の発展も見られた。しかし、戦争の本質を無視した楽観的気分に、外国から思いがけぬ人物が日本の揺らぎに危機感を抱いた。それは英国王ジョージ五世である。

ジョージ五世は、日本が「平和を無傷で手に入れた」という幻想を抱いているように思えた。王は、折から一九二一年（大正十年）三月から六ヵ月、皇太子として英国などを訪問中の昭和天皇に、大陸の悲惨な戦場を見学することを勧めた。ベルギーの激戦場イーペルを視察した皇太子は、一九二一年六月に戦場視察の感想をジョージ五世に送った。「予ガ佇立《ちょりつ》スル目前ノ光景ハ、陛下ノ予ニ告ゲ給ヒシ如ク、「イープル戦場ノ流血凄惨」ノ語ヲ痛切ニ想起セシメ、予ヲシテ感激・敬虔《けいけん》ノ念、無量ナラシム」（『昭和天皇実録』第三）。やがてポツダム宣言受諾に舵《かじ》を切った昭和天皇の脳裏には欧州戦場の悲惨さが浮かんでいたと言われる。天皇の戦略的決断力こそ「せめ一人に帰す」というべきなのだろう。

日本は、日英同盟に基づくイギリスの要請を受けて一九一七年二月に海軍第二特務艦隊を地中海に派遣し、ドイツ潜水艦の脅威を受ける連合国艦船の護送任務に就いた。巡洋艦一隻と駆逐艦《くちくかん》八隻（後に四隻が増派）から成る日本の艦隊は、マルタ島とアレキサンドリアなどを結ぶ地中海の海上交通路の護衛任務に就き、七八八隻の連合軍艦船と七〇万人の兵員を護衛し、魚雷を被弾した艦船から七〇七五人の乗組員を救助する（平間洋一『第一次世界大戦と日本海軍――外交と軍事との連接』慶應義塾大学出版会、一九九八年）。また、駆逐艦「榊《さかき》」乗務員はじめ戦没者七八名はマルタ島に埋葬されている。

しかし、海軍は地中海での護衛任務から得た貴重な教訓を無視した。海軍は、地中海で潜水艦による通商破壊戦の重要性を痛感し、シーレーンの切断や海上封鎖を試みる敵潜水艦と戦う新技術の必要性や潜水艦同士の水中戦の重要性を知ったはずである。しかし、武装商船（マーチャント・ネイビー）や護送船団方式の有用性を、アメリカとの太平洋戦争における海上戦に生かすことはなかった。「将来の出来事をあらかじめ知ろうと思えば、過去に目を向けよ」と力説した政治思想家マキャヴェッリの警告（『ディスコルシ』三）を活用するような、戦略家・徳川家康のごとき洞察力に富む政治家が生まれなかった人事の不毛にも敗因があったのだ。

帝国の落日から解体へ——日本3・0

日本の敗戦と帝国の解体も同じである。アヘン戦争やアロー号事件を機にして英仏などが中国やアジアを植民地化した列強進出の時代に乗り遅れ、欧米の論理を遅れて採用した日本だけが非難を浴びることに我慢ならぬという人びとがまだ日本にいるようだ。

しかし、これは大きな誤りである。日本の対英米開戦が西洋のアジア植民地の独立を促したと評価する人びとは、戦後どの帝国であれ解体していった歴史の趨勢《すうせい》を理解していない。むしろ帝国の崩壊を否応なく先に経験した積極的意義は、敗戦の意味とつながっているのだ。形式的には大戦を戦勝国として切り抜けた大英帝国は、インド・パキスタン分離独立によって故郷を捨てた一一〇〇万人の難民を広大なインド亜大陸で流浪させ、一〇〇万人の死者を出した責任を少なくとも歴史に負っている。一九五六年のナセルによるスエズ運河国有化の直後に英仏が起こした大義なきスエズ戦争は、ジャン・モリスの表現を借りれば、「ノイローゼが進んで突発性の精神病の症状を呈し、ややあって、おさまってみれば神経が綻《ほころ》びて萎《い》縮《しゅく》していたような」帝国の自己崩壊を自ら招いてしまったのである（『帝国の落日——パックス・ブリタニカ完結篇』下巻、池央耿《ひろあき》、椋田直子訳、講談社、二〇一〇年）。

もっと悲惨なのは、イギリスよりも帝国の遺産処理が遅れたフランスがインドシナとアルジェリアの独立戦争で手を焼いた顚末《てんまつ》である。八年間のインドシナ戦争で、フランスはおよそ九万四〇〇〇人の戦死者を出し、アルジェリアでも二万九〇〇〇人の犠牲を払ってアフリカ植民地帝国から撤退した。日本がもし帝国を維持し満洲《まんしゅう》国での権益に拘《こだわ》っていたなら、アルジェリアのピエ・ノワール（フランス人コロン＝入植者）が自らを「アルジェリア人」と自称し現地駐屯軍に依拠してパリ政府の権威に叛乱《はんらん》したように、自分たちを「満洲人」と呼んだ一部在留邦人が関東軍と抱き合わせで東京に叛旗を翻した可能性は十二分にあった。その結果は、中国や朝鮮半島の人びとの革命を誘発しただけでなく、それへの対処と後遺症によっては、ロンドンやパリでいまだに間欠的に生じる暴力やテロを東京でも経験していたかもしれないのだ。帝国と植民地支配の時代は終わっていたのである。

一九三一年（昭和六年）九月の満洲事変に始まり一九四五年（昭和二十年）八月に終わった日本の大陸への侵略と経営、他のアジア諸国における植民地統治や軍政は、しばしば一般市民を犠牲者にする大きな悲劇を生んだ。ことに戦争中の中国や東南アジアにおける残虐な事象をなかったかのように語ることはできない。ジョージ・オーウェル的な表現を借りれば、「事実に仕立てられた虚偽（un-facts）」は許されるものではない。だからといって、一九三一年から四五年の大敗北の後も、日本国家が衝突を回避するために必要なハンドルとブレーキを備えなかったというマクレガー・ノックスの指摘は、歴史修正主義のカレル・ウォルフレンに触発されたにしても、歴史の「曲筆」に過ぎるであろう（ウィリアムソン・マーレー、マクレガー・ノックス、アルヴィン・バーンスタイン編著『戦略の形成──支配者、国家、戦争』上下巻、石津朋之、永末聡監訳、中央公論新社、二〇〇七年）。

他国や他人に対する歴史叙述が公正でも好意的でもないどころか、悪意に覆われている例は、現代の東アジアの一部における日本への扱いだけでなかった。実は、前五世紀に古代ギリシアのヘロドトスが書いた『歴史』は悪意の塊《かたまり》だという説がある。プルタルコスは、そのものずばり「ヘロドトスの悪意について」という論で、悪意をもって歴史を叙述する特徴として八点を挙げている（『モラリア』第一〇巻、伊藤照夫訳、京都大学学術出版会、二〇一三年）。

その第一は、出来事を叙述するときに極めて苛酷な言葉や表現をわざわざ用いることだ。プルタルコスがたしなめる「狂信者」や「無謀と狂気」といった形容なら御手の物だという作者は今も多い。第二は、当面の論点と無関係な話題を、わざわざある人物の愚行や不面目さを強調するために、場違いの出来事の記述に押し込み、叙述の本筋を脇道や回り道へそらす手法である。第三は、立派な業績や賞讃に値する手柄を省略することである。これは、難《なん》癖《くせ》をつけて喜ぶのと同じように公正さに反するだけでなく、いっそう不公平で悪質だとプル

タルコスは批判する

第四は、同じ事件について解釈が二通りかそれ以上もあるときに、悪いほうを選び取ることである。真実を知っているなら明言すべきであり、不確実なら信じるに値しないことを無視すべきだ、と。第五は、事件の原因や意図がはっきりわからない場合に、敵意と悪意を抱いて、信じるに値しない推論に手を伸ばすことである。嫉妬《しっと》や悪意が頂点に達すると、他人や他国の業績や行状の評判を落とさせる中傷や当てこすりが平気になる作者は多い。第六は、他人の成功を勇気や知略でなく金銭や幸運のせいにして、功績の偉大さと美質を減らそうとする傾向である。第七は、婉曲《えんきょく》に誹謗《ひぼう》の矢を放ちながら、途中で非難を信じていないかのように公言する卑劣《ひれつ》さに他ならない。第八は、少しだけ他人への褒《ほ》め言葉を付け加えて自分たちの難癖を薄める書き方である。

いずれも日本の近現代史に関する東アジアの一部の個性を考えるときに示唆に富んでいる。東アジアにおける歴史認識のあり方で必要なのは何であろうか。その理想的実現は難しいにしても、少なくとも日本人に可能であり、原理的に確認すべき点はさほど難しくない。まず何よりも、互いに長所と短所があれば、長所を評価して短所に寛容になる努力をすることだろう。劉知幾《りゅうちき》の教えは、一三〇〇年の時空を超えて読む者の耳朶《じだ》を打ち続けている。

「遠い昔、諸侯は互いに覇を争い、勝負の行方は定まらなかったが、その当時の史家は、他国の善い点は必ず賞讃して書き、自国の悪い点は隠しだてをすることがなかった。ところが近い時代になると、史家の公平な記録は耳にすることがなく、自づから自国の秀れた点を自慢し、他国の劣った点をあげつらうことが起った」（『史通内篇』巻七曲筆篇、西脇常記訳注、東海大学出版会、一九八九年）

第1章　立憲革命としての明治維新

瀧井一博

世界史にとっての明治維新

一八六八年の明治改元から一五〇年の歳月が流れた。二〇一八年には明治維新一五〇年ということで、各地でさまざまな催しが行われた。

だが、そのような催しはえてして、「明治の精神に学び、日本の強みを再認識する」（「明治150年」関連施策各府省庁連絡会議／内閣官房「明治150年」関連施策推進室「明治150年」に向けた関連施策の推進について）というスローガンにうかがえるような国民的成功譚へのノスタルジーか、地方創生と結びついた顕彰事業の域にとどまったように見受けられた。

日本人は、明治という時代を覇気と客気《かっき》に満ちた青春期として回想する。世界の動きから取り残されていた僻遠の島国が、国を開いてから一気呵成《いっきかせい》に坂の上の雲目指して疾駆《しっく》し、ついに世界の一等国にのしあがった栄光の時代として、である。

しかし、青春期はとうに過ぎ、いまや空前の少子高齢化と経済的低成長の時代を迎えた日本社会において、明治という過去の栄光を喋々《ちょうちょう》することはどこか空々しさを招くのではないか。実際、政府主導で行われた明治一五〇年の催しは盛り上がりに欠けた。他方で、前述のように、さまざまな自治体では、各地の幕末維新期の歴史を掘り起こしたり展示する事業が相次ぎ活況を呈《てい》したが、そこでの歴史の語りがツーリズムと相伴った過度の美化に陥っていないか検証が必要だろう。

いずれにせよ、われわれは明治という時代への過分な思い入れから、国民や地域社会を単位とした内向きで自閉的な歴史の描き方に終始することになってはいないだろうか。西洋諸国へのキャッチアップをとうに成し遂げ、歴史的な停滞期という曲がり角にきていると思われるこの国にとってむしろ肝要なのは、明治維新以来の近代化の歴史を終わった歴史として客観化し、そこから世界の他のさまざまな歴史につなげられ、また何がしかを寄与できる知的資源を編み出すことだと思われる。

筆者は法制史を専攻している。そのなかでも特に、明治憲法を中心とした近代日本の国制（国のかたち）の成立と変容を研究してきた。ここでは、明治憲法の制定に至る立憲制度の受容と生成の過程を概説し、そこから日本憲法史の世界史的意義について試論したい。なお、十九世紀において、立憲制度とは、国民の政治参加を保障する議会制度の存立と不可分であった。以下においては、立憲制と議会制＝代議制を同義に用いる。

公議輿論――立憲体制導入の前提

よく知られているように、慶応四年（一八六八）三月十四日に出された五箇条の「御誓文」において、「広ク会議ヲ興シ万機公論ニ決スヘシ」と議会制の導入が掲げられていた。当初、これの原案では、「列侯会議ヲ興シ」とされていた。「列侯会議」が単に「会議」と変えられたことは、今日の眼から見た場合、深い意味を持った。そこには、既存の藩を単位にした藩主たちの連合体ではなく、天皇を君主として戴く統一国家として新国家を築くとの道が暗示されたのである。「列侯会議」が消され、「会議」と言い換えられたことにより、天皇という主権者としての君主を戴き、その下で政治に関与する国民代表機関の創設が緒に就いていく。

維新の指導者たちの間で、この方向性は共有されていた。例えば、岩倉具視《いわくらともみ》は明治二年（一八六九）一月に「政体建定」「君徳培養」「議事院創置」「遷都」の四項目からなる政治改革の提言を行っているが、そのなかで彼は、将来明君や賢臣が出ずとも国家が保持されるような盤石《ばんじゃく》な制度の確立を唱え、その流れで「議事院」の創設を説いている。議事院での「衆議」を経たうえで天皇が政策や立法を裁決する仕組みを定めれば、安定かつ強靭《きょうじん》な国家の体制が確立されるであろうことを期待して、議会制度の導入が唱えられているのである（『岩倉公実記』中、六八五頁以下）。国家統治の核となり、求心力を与えるものとして議会は観念されたのである。

幕末に立場の違いを超えて、公議に基づいた政治が唱えられていたことは、近時あらためて大きな注目を集めている。その評価は両義的であるが（三谷博『維新史再考――公議・王政から集権・脱身分化へ』〔NHKブックス、二〇一七年〕、奈良勝司『明治維新をとらえ直す――非「国民」的アプローチから再考する変革の姿』〔有志舎、二〇一八年〕）、身分制的制約にこだわらず、国民の選良が政治に参与すべしとの気運はこの時から醸成されていたのであり、議会制度の採用はその延長上で自明視されていた。もっとも、その歩みが平坦《へいたん》だったわけではないし、当初から着々と国民代表としての議会制の導入が図られていたわけでもなかった。帝国議会が開設されるのは明治二十三年（一八九〇）であり、なお二〇年以上の時を要した。そのことを念頭に置いて、まず明治初年の立憲制の胎動を見ていきたい。

五箇条の「御誓文」を受けて、政体書が発せられた。そこでは立法・行政・司法の三権の分立が定められ、議事の制を立てるものとされた。議事に当たる議員の選出を行うのが、府藩県という新たに編制された地方組織であるが、実態は旧体制下の諸藩が主体であった。実際、明治元年十二月（一八六九年一月）に設立され、翌年の明治二年三月に最初の会議が行われた公議所は、各藩から派遣された公議人を主として構成され、「律法ヲ定ムルヲ以テ、第一要務トス」（公議所法則案）として立法機関であることが目指された。

しかし、この公議所は、その年の六月の会議を最後に開かれなくなる。キリスト教や洋服の禁止を求める議や森有礼《もりありのり》の提起した廃刀案をめぐる騒動などそこでは新旧の急進論が唱えられ、議事の円滑な進行に支障を来した。公議所というかたちで、立法のための代議制度を設けることは時期尚早だった。代わって、明治二年七月の官制改革によって集議院《しゅうぎいん》が設置されたが、そこでは議事としての制の役割は縮小され、立法機関ではなく、単なる政府の諮問機関でしかなくなった。そして、明治四年（一八七一）七月に廃藩置県が行われたことによって、議員の選出母体としての藩が廃止され、集議院は有名無実化する。

その立法諮問機関としての機能は、新たに設立された左院《さいん》に引き継がれた。左院は、この年十二月の事務章程改正によって、「凡《およそ》一般ニ布告スル諸法律制度ハ本院之ヲ議スルヲ則トス」るとして法案審議機関としての権限拡充を行ったが、その構成員は執政機関である正院《せいいん》によって任免された。代表制度としての議事機関は、ここでいったん廃せられたことになる。

このように廃藩置県は、公議輿論《よろん》体制の制度的確立という観点から見れば、その頓挫《とんざ》であったと見なし得る。しかし、ここでその思想までが潰《つい》えたわけではない。むしろ、明治政府の指導者たちの間では、より国民代表的な議会制度のあり方をめぐって模索が続いていた。転機となったのは、岩倉使節団である。西洋文明の実際の姿をつぶさに観察する機会を得た政府指導者たちは、紆余曲折《うよきょくせつ》を経ながらも最終的には日本の文明化に確信を抱いて帰国する。このうち、使節団の両巨頭ともいえる大久保利通《おおくぼとしみち》と木戸孝允《きどたかよし》が帰国後、ともに立憲制度の採用について意見書を著しているのは注目に値する。次にこの両者の憲法意見書を検討しよう。

岩倉使節団と憲法制定への旋回——木戸孝允と大久保利通の立憲論

大久保と木戸は、使節団一行に先駆けて、明治六年（一八七三）五月と七月に相次いで帰国した。留守政府による急進的な改革とそれによってもたらされた政権内の対立の報を受け、二人は急ぎ日本に戻ったのである。その後の征韓論《せいかんろん》による政府の分裂という困難に直面しながら、両者は国家再建の方途を思慮していた。この難局を前にして、二人は期せずしてともに、立憲制度の導入を唱えた。その内容はどのようなものだったのか。

まず木戸である。彼は、帰国後ほどなくしていちはやく、憲法意見書を朝廷に上奏し、十月には同趣旨のものを一般に公開している。その内容は以下のようなものである。

木戸は、「今日の急務は五條の誓文に基て其條目を加へ政規を増定するに在り」（『木戸孝允文書』第八巻、一二三頁）と述べる。五箇条の御誓文を拡充して、「政規」＝憲法を定めること、それが国家の喫緊《きっきん》の課題だと木戸は主張する。それというのも、憲法のあり方が国の興亡の鍵《かぎ》を握っているからである。

では、木戸はどのような憲法が日本にふさわしいというのか。一言で言えば、彼が求めるのは、「独裁」の憲法である。文明のいまだ広く行き渡っているとはいえない現下の日本においては、天皇の英断と政府有司《ゆうし》によるその実施によって、国民を徐々に文明の域へと善導していかなければならない、と木戸は説く。彼が国家の急務とするのは、天皇と天皇を戴く政府による強力なリーダーシップであり、有司専制を彼は是認する。

「独裁」の称揚は、われわれを慄然《りつぜん》とさせるかもしれない。しかし、そこには岩倉使節団での西洋体験に裏打ちされた確信があった。そもそも、「独裁」とはいうものの、それは国民の信認に立脚して行われるべきものとされる。天皇といえど、「豈《あに》天下を以て一家の私有とせんや」、と彼は論じる。つまり、「独裁」の憲法とはいえ、憲法というからには、それは君主の専制を保持するためのものではなく、民意を尊重し、国民の団結を促すものでなければならない。民意による為政者の統制こそが、憲法政治の眼目なのである。したがって、「独裁」の憲法などと述べながらも、木戸の視線の先にあったのは、君民同治の立憲君主制であった。その点は、「今日に於ては独裁の憲法と雖とも他日人民の協議起るに至り、同治憲法の根種となり、大に人民幸福の基となる必せり」(『木戸孝允文書』第八巻、一二八頁)との彼の言に明らかである。すなわち、国家を担い得る国民の創出をまって、独裁から君民同治へと漸進《ぜんしん》するというのが、木戸の立憲制化のプランである。そして、このことは、大久保においても共有されたものであった。

明治六年十一月、大久保は政体取調を命じられた伊藤博文《いとうひろぶみ》に、立憲政体に関する意見書を開陳した。木戸の意見書と同様、それは使節団の副使として西洋文明をつぶさに実見してきた大久保が取りまとめた成果報告書といえる。そこでは、欧米諸国の多様な国制のありようという認識から筆が起こされている。世には君主政治から民主政治までさまざまな政治の体制がある。それらそれぞれには歴史的な背景があり、どちらが優っていると一概に判断できるものではない。そもそもその国の政治の仕組みとは、その国の文化や国民性といった所与の条件によって自ずから形作られていったものである。したがって、それを改革するとしても、あくまで「土地風俗人情時勢ニ随テ」なされるべきであり、他の外国の国制の軽々しい模倣であってはならないとされる。

かくして、問題は日本の環境と政治風土に適った国制の確立ということになる。「今日ノ要務先ツ我カ国体ヲ議スルヨリ大且ツ急ナルハナシ」、と大久保もまた、国家の基盤を確立することを急務と見なす。そのために先ずなされなければならないこと、それは「定律国法」＝憲法の制定に他ならない。

このように、憲法の制定という大方針を大久保は木戸と共有する。もっとも、その憲法の内実という点において、一見、両者の間には隔たりが認められる。君主独裁を説く木戸に対して、大久保が唱えるのは君民共治なのである。「定律国法ハ即ハチ君民共治ノ制ニシテ、上ミ君権ヲ定メ、下モ民権ヲ限リ、至公至正君民得テ私スヘカラス」（『大久保利通文書』第五巻、一八六頁）と彼は明記している。

木戸は独裁の憲法を説き、大久保は君民共治の憲法を掲げた。だが、両者は同質の構造を有している。それは、「民」の政治的位置づけという点である。大久保は意見書のなかで、「民ヲ外ニシテ其政ヲ為ンヤ」と述べている。これは木戸においても共有されていた理念であった。先に見たように、木戸の独裁憲法論の実体は、民意を実現するための一時的な委任独裁の構想だった。木戸も大久保もその目標とするところは、民の開化を促すための国民の政治的自覚であったといえる。

それを実現する工程においても、両者の認識は決して隔たってはいない。「妄リニ欧州各国君民共治ノ制ニ擬ス可カラス。我カ国自カラ皇統一系ノ法典アリ。亦タ人民開明ノ程度アリ。宜シク其得失利弊ヲ審按酌慮シテ以テ法憲典章ヲ立定スヘシ」（『大久保利通文書』第五巻、一八八頁）とあるように、日本の固有性を背景とした天皇統治という歴史主義的憲法理解も木戸と大久保は共有していた。欧州で二人が体得した歴史主義はまた、「漸進主義ノ立憲政治論」(伊藤博文談、『大久保利通文書』第五巻、二〇六頁)を導くものだったのである。

木戸も大久保も、存命中に立憲制度の成立を目にすることはできなかった。二人の遺志を引き継ぎ、その実現に漕《こ》ぎつけたのが伊藤博文であった。次に伊藤による明治憲法の制定の過程を見ていくことにする。

伊藤博文と明治憲法の制定

既述のように、幕末以来、公議輿論に立脚した政体を樹立し、衆議のための機関(＝議会)を設けることは、国家的な課題であった。明治政府の指導者たちは、そのことを強く意識していた。日本の立憲国家への歩みは、官主導の改革として着手されたのである。

征韓論政変後、板垣退助《いたがきたいすけ》ら政府から離れた勢力が中心となって自由民権運動を興し、在野からの国会開設運動を展開していく。そのような官民双方向からの立憲化の運動が対抗し相互作用を呼び起こしながら、明治二十二年(一八八九)二月十一日の大日本帝国憲法(明治憲法)の発布へと至るのである。

明治憲法の制定に向けて明確な画期となったのが、明治十四年の政変である。明治十三年(一八八〇)に右大臣・岩倉具視は閣僚たる各参議に憲法意見書を作成し提出することを命じた。そのなかでも大隈重信《おおくましげのぶ》の意見書が政府を驚天動地させ、これが明治十四年政変の発火点となる。

他の参議たちとは異なり、大隈は明治十六年（一八八三）には議会を開くという急進的な国会開設論を唱えた。さらに同意見書は、「立憲の政は政党の政なり」と掲げ、国会を中心とするイギリス流の議院内閣制を提唱した。大隈はこのような過激な内容の意見書を、岩倉や他の参議には秘匿《ひとく》して、天皇に密奏しようとした。そのような隠密な行動もあいまって、大隈の政府内での地位は以後微妙なものとなる。

これに引き続いて、開拓使官有物払下げ事件が勃発した。北海道の開拓使が所有している官有物が政府とつながりのある会社に破格の廉価で払下げられるとの情報が民間に漏洩《ろうえい》し、反政府運動がヒートアップした。この情報の漏洩元として、大隈に嫌疑の眼が向けられる。政党政治を唱える大隈が、在野の運動家と結託して政府転覆を陰謀していると噂《うわさ》されたのである。そして、十月九日、官有物払下げの中止が政府内で決せられたのと同時に、大隈と彼の息のかかった官僚たちの政府からの追放も決定される。これを明治十四年の政変という。

この政変は、日本憲法史上の一大転換点となった。大隈追放直後の十月十二日、国会開設の勅諭《ちょくゆ》が発せられ、明治二十三年（一八九〇）を期して国会を開設することが宣明された。内からの大隈意見書、外からの自由民権運動による政府批判の挟撃にあうなか、明治政府は天皇の名によって、国会の開設とそれに先立つ憲法の制定を公約したのである。その準備にぬかりはなかった。かくして、政府は急ぎ憲法制定作業に従事しなければならなくなった。だが、その準備に対抗措置として自らの憲法意見書を取りまとめ、大隈のイギリス流議院内閣制に対して、プロイセンに範を取った君主主義的な憲法構想を提示している。作者は井上毅《いのうえこわし》であり、彼こそ後の憲法の起草も行った明治政府の知恵袋である。実際、明治憲法の成立は、井上の獅子奮迅《ししふんじん》の活躍なくしては考えられない。

ところで、この時期に起草されていたのは憲法のみではなかった。憲法と同じく国家の根本法として、皇室典範《こうしつてんぱん》が起草されていたし（そのため、明治の国家法体制を典憲体制と呼ぶことがある）、このほかに憲法発布と同日に、議院法、衆議院議員選挙法、会計法、貴族院令も公布されている。これらは形式的には憲法ではないが、憲法に定められた議会や財政の制度を実際に機能させるために不可欠な法令である。いわば憲法を直接肉付けする重要立法であり、憲法附属法と呼ばれる。その他にも、明治十四年政変から憲法発布までの間には、国家の重要な諸制度が続々と定められていった。この時期は、いわば明治国家の「国のかたち」が作り上げられていく期間だったといえる。

ここで「国のかたち」という視角について説明しておきたい。先に筆者は、井上毅こそ明治憲法の起草者と書いた。通常、明治憲法の父と喧伝《けんでん》されるのは伊藤博文である。これは伊藤による井上の功業の簒奪《さんだつ》なのだろうか。

確かに、憲法の諸条文の起草という点では、井上の存在は絶大であった。だが、憲法それ自体の作成よりも、憲法を機能させるための全体的な国家制度の創出へと視野を転じると、伊藤の存在が際立ってくる。伊藤を明治憲法の父と称するとき、その憲法（constitution）とはむしろ、そのような「全体的な国家制度」、すなわち国制や国のかたち（constitution）として理解されるべきものなのである（constitutionには、「憲法」という語義以前に、ものごとの成り立ちや構造という意味がある）。この点を理解するには、伊藤による滞欧憲法調査に触れておかなければならない。

明治十四年政変の翌年、伊藤はヨーロッパへ憲法調査に出かけた。彼がそこで学んだことは何だったのか。それは憲法の相対化ということだった。伊藤は、憲法というものは大体のことさえ書いていればよい、議会の組織構成が定めてあって、国民の権利義務の規定があり、君主の権力について書かれてあればよいとの認識に達する。であるから、憲法それ自体の制定は、そんなに労力を使うことではない。むしろもっと重要なのは、議会を開いた時に、それが機能するための行政を確立することである、とこの時述べている。

実際に彼は憲法調査から帰ってきた後、まず宮中改革を行い、天皇に立憲君主としての教育を施している。また、内閣制度を導入し、これまでの太政官制度を刷新して統治システムの近代化を図る。内閣制度においては、公家の特別の身分など関係なく、国民が誰でも大臣になれることとなった。さらに、官僚制を整備する。その前提として、帝国大学が設立された。帝国大学で学習した人間が官僚として国家の行政を担うという官僚のリクルート組織が整えられる。

このような一連の改革を通じて、立憲国家という「国のかたち」が描かれ、それに画竜《がりょう》点睛《てんせい》を施すように、明治二十二年（一八八九）二月十一日、憲法の発布がなされるのである。日本憲法史における伊藤博文の寄与とは、そのような「国のかたち」の造形にあったといえよう。

世界史的遺産としての明治立憲制

明治維新の革新性についてはさまざまな捉《とら》え方が可能だろう。戦前の日本資本主義論争における講座派対労農派のブルジョワ革命の性格づけをめぐる古典的な対立があるほか、植民地化の脅威をはねのけて国家としての独立を維持した独立革命ないし民族革命と見なす向きもあれば、廃藩置県や四民平等といった重大改革を成し遂げて統一的主権国家を樹立した国民革命と捉えることも可能である。

これに対して筆者は、本章のタイトルに記しているように、明治維新を何よりも立憲革命として考えている。幕末に澎湃《ほうはい》として生起した公議政治の追求に始まり、議会制度を導入して立憲体制に移行することは、紆余曲折を経ながらも一貫して推し進められていった。明治二十二年の大日本帝国憲法の成立は、その当座の帰着点に他ならない。二〇年以上に及ぶ長い革命のプロセスとして、明治維新を捉えるべきであろう。

明治における立憲体制の確立は、世界史的な意義をもっているということができる。日本以前に、非西洋世界で憲法を制定した国家としてチュニジア（一八六一年）とオスマン帝国（一八七六年）が挙げられるが、ともに長続きせず憲法停止を余儀なくされた。日本は非西洋世界において立憲主義の継受に成功した稀有《けう》な事例といえる。日本においてなぜ立憲体制の定着が可能だったのか。すでに紙幅が尽きているので、その本格的な考察は他日を期すしかないが、いくつかの点のみ指摘しておきたい。

まず第一に、長期的な視野である。本章で見てきたように、議会政体を求める声は朝野で共通していた。だが、その実現には十分な準備が必要であることを木戸や大久保といった政府の指導者は見抜いていた。彼らは立憲制度の導入に漸進主義をもって臨み、決して急進的かつ拙速に事を運ぶべきではないと確信していた。

第二に、国民国家という前提である。立憲制度とは国民の政治参加を保障する制度である。

したがって、国の政治に責任を負うことができる国民という主体が不可欠とされる。そのための施策はさまざまなものが挙げられるが、歴史主義の宣揚をここでは特に掲げておきたい。岩倉使節団の視察において感得されたのは、同じ西洋世界といっても各国ごとに政治制度や社会の仕組みは異なるということだった。しかも、西欧では歴史主義が基本的な思潮となっていた。歴史を共有する国民が法や制度の担い手であるとの意識が普及していたのである。この点は伊藤博文の憲法調査においても確認され、国民の歴史的伝統に立脚した独自の憲法の制定が基本方針となる。

第三に、憲法の相対化である。既述のように、伊藤博文は、憲法はそれだけでは一片の紙切れに等しく、それを現実に運用するには有機的な制度の連環が必須と考えた。憲法の制定は、それを一齣《ひとこま》とする国制の改革と不可分であるとの認識を得てそれを実践した点に、伊藤の類い稀《まれ》なる立憲指導者としての真価が求められる。

かくして、立憲革命としての明治維新はいちおうの成果に達した。だが、憲法の発布が終着点だったわけではもちろんない。実際に議会政治が始まるとそれは藩閥政府との深刻な対立をもたらすが、やがて政党政治が定着し、議院内閣制への制度的変容の兆しも見られた。

だが、昭和期に入ると、世界的な反議会主義の潮流のなかで日本も全体主義と総力戦体制に取りこまれていく。日本憲法史はこのような正負の側面を抱えている。そうであるからこそ、日本はその歴史的経験を踏まえて、これから立憲制度を導入しようとする国、制度は導入したがうまく機能していない国に対して、何がしかの助言ができる立場にある。そのための貴重な知的資源として、明治維新はあるはずである。

【さらに詳しく知るために】

大石眞『日本憲法史』第二版、有斐閣、二〇〇五年

稲田正次氏と小嶋和司氏の衣鉢を継ぎ、日本憲法史の研究を今日までリードしてきた第一人者によるコンパクトかつ凝縮された概観。

瀧井一博『文明史のなかの明治憲法――この国のかたちと西洋体験』講談社選書メチエ、二〇〇三年

西洋法制史の観点から文化交渉史として明治憲法の成立史を論述したもの。

瀧井一博『伊藤博文――知の政治家』中公新書、二〇一〇年

伊藤博文を国制のデザイナーとして描き出そうとした拙著。立憲政治の定着へ向けた彼の一貫した歩みが論じられている。

＊本稿は、JSPS科研費（基盤B）16H03469「明治日本の比較文明史的考察」による成果の一部である。

第2章　日清戦争と東アジア

岡本隆司

三つの地図から

一八九四年に起こった日清戦争といえば、日本の近代史上の一大事件である。日本史の文脈では、精細に触れてある文献は汗牛充棟《かんぎゅうじゅうとう》、おびただしい。

したがって筆者が「日本近現代史」の枠組み・立場から、ここで日清戦争を細かくとりあげても、門外漢の浅い知見で旧説をなぞる、くりかえすだけになって、あまり意味がないだろう。自分なりにあらためて論じるなら、少し異なる見地から、日清戦争がどのようにみえるのか、位置づけられるのか、そうした問いを立てて答えてゆきたい。そのほうが、たとえ十分ではないにしても、はるかに生産的建設的ではあるまいか。

まず導入として、以下の地図をみていただきたい。いずれも朝鮮半島の、しかもそこで起

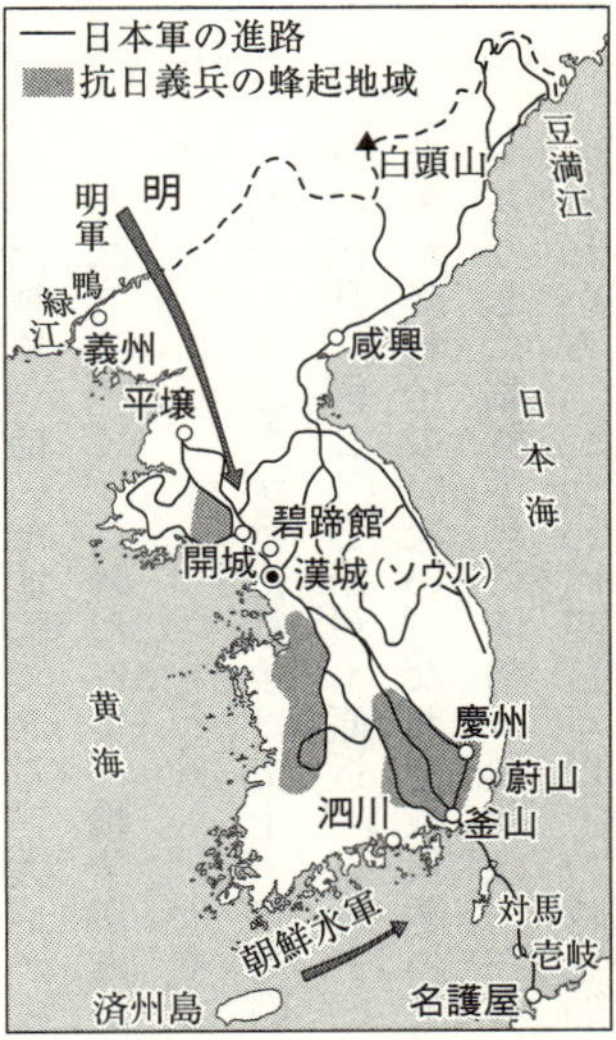

図２－１　豊臣秀吉の朝鮮出兵（文禄の役，1592年）

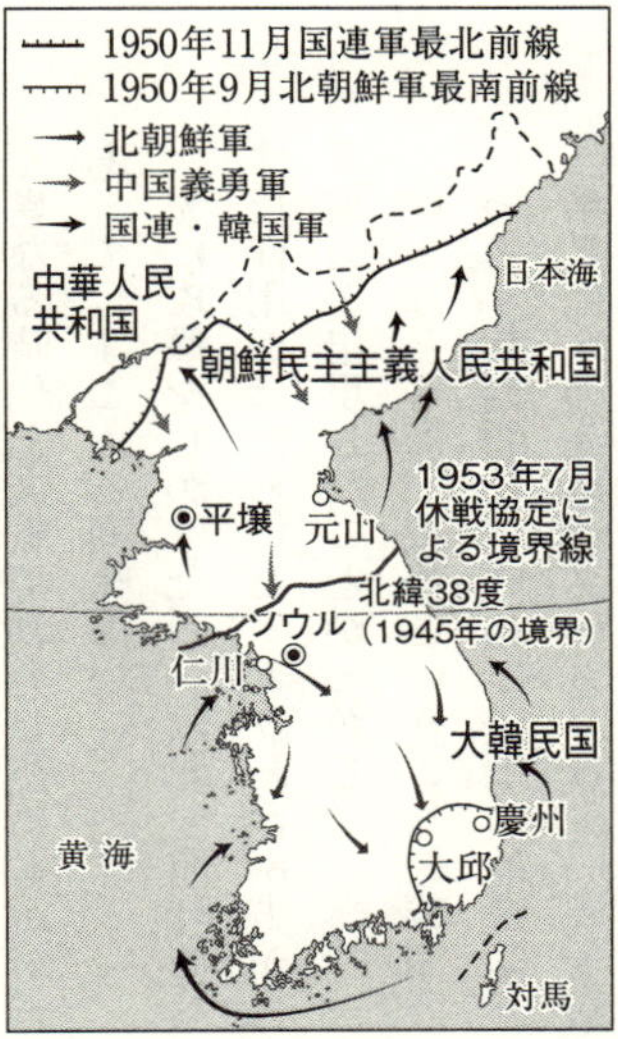

図２－２　朝鮮戦争（1950～53年休戦）

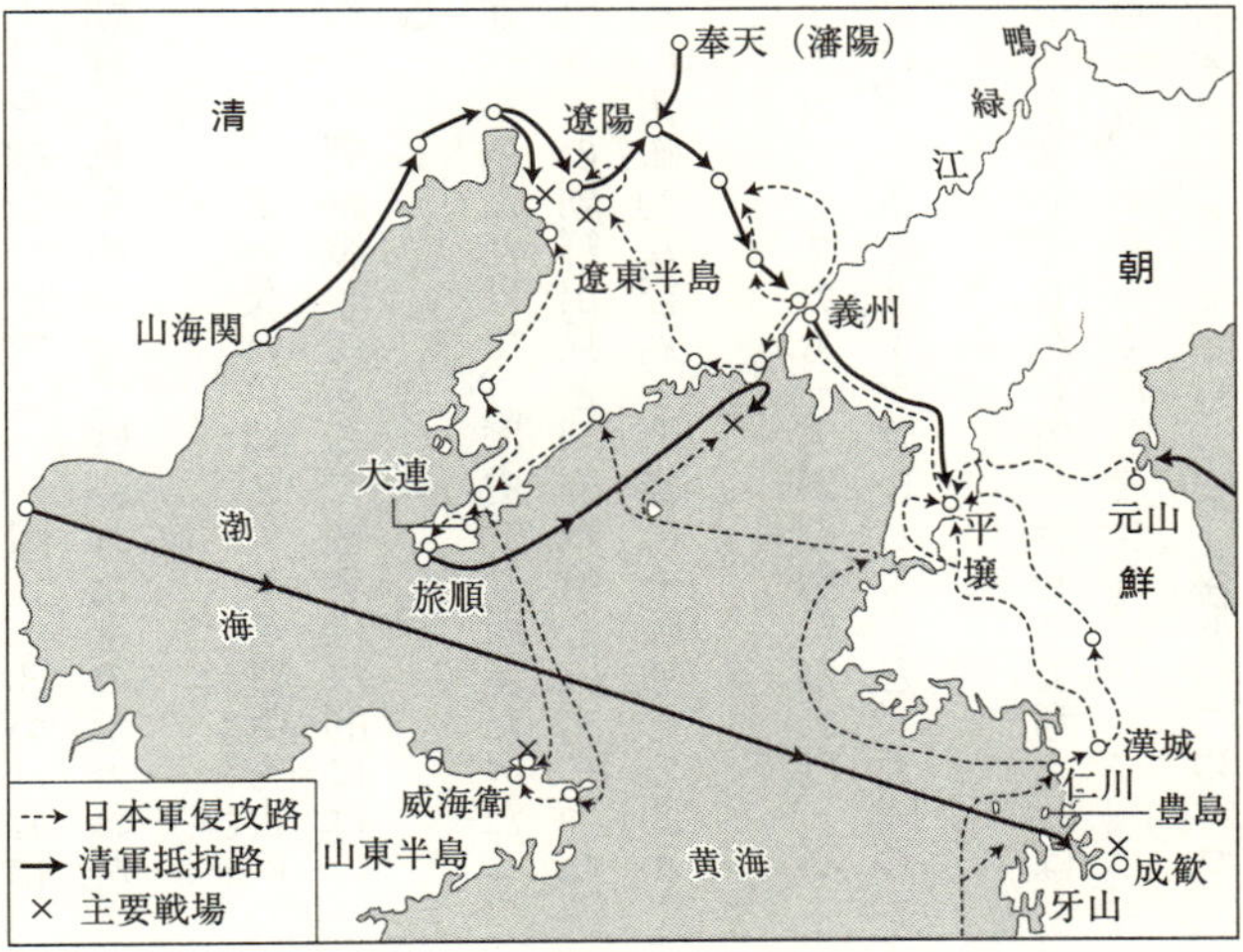

図２－３　日清戦争（1894～95年）

こった戦争を描いた地図である。大づかみなイメージを摑《つか》むだけでよい。図2－3が日清戦争の図であって、これだけで、戦争がほかならぬ朝鮮半島をめぐって戦われたものだとわかる。

しかし半島をかけた戦争は史上、日清戦争ばかりにとどまらない。図2－1が豊臣秀吉《とよとみひでよし》の朝鮮出兵、図2－2が最も直近、一九五〇年に起こった朝鮮戦争である。後者は法的には、戦争が終わっていない。なお交戦状態のままである。

そうした朝鮮半島の情勢・現状は、三つの図を並べてみただけで、歴史的な所産だったことがわかる。とりわけ四百年以上の時を隔てた豊臣秀吉の朝鮮出兵と朝鮮戦争とは、まったく異なる時代と文脈で勃発したにもかかわらず、その俯瞰《ふかん》的な経過・形勢に一脈通じる面があって、すこぶる興味深い。

先に攻撃をしかけたのが南北・海陸のちがいこそあれ、いずれも一方が優勢になれば、必ず反作用がはたらいた。とりわけ南方からの攻撃には、対抗し北上を阻止しようと、大陸の軍事力が出現したことがわかる。

以上はともに、戦争というごく一時期の一局面にすぎない。しかし組み合わせて考えれば、いっそう長期的な、いわば史上の地政学という観点にも、おそらく敷衍《ふえん》できる。

半島南北のせめぎあいと分立という事態は、それぞれのヒンターランド（後背地）のパワーバランスと密接な関わりにあった。北の大陸と南方の列島ないし海洋との勢力に消長があって、戦争さえ惹《ひ》き起こすケースもある。以上がここ五百年の形勢だったといえようか。

朝鮮半島をめぐって

これよりも以前、古代の白村江《はくそんこう》をのぞけば、朝鮮半島を戦場に、あるいはめぐって戦われたことは史上、基本的になかったといってよい。半島が関わった唯一の事例は、いわゆる「元寇《げんこう》」、日本がモンゴル帝国と戦ったものがある。これは大陸の勢力が半島を制圧したうえで、列島に「襲来」した形で、しかも列島の側としては、手をこまぬいてその「襲来」を迎えるしかないものだった。十七世紀に至るまでは、そうだったのである。

ところが十六世紀末の秀吉の朝鮮出兵以来、事態は一変、列島から海を越えて半島・大陸に向かう形勢になった。これは善かれ悪しかれ、それだけ列島が力をつけてきたことを意味する。

東アジアないし世界史上、未曾有《みぞう》の事態だった。十五世紀から十七世紀にかけての日本列島は、いわゆる戦国時代で、軍事大国になりつつあったと同時に、一種の高度成長期でもある。そうした日本・海洋勢力の勃興・擡頭《たいとう》という局面に対し、東アジアはあらためて、パワーバランスの組み直しをしなくてはいけなかった。

それがようやく落ち着いたのが、十七世紀の半ば、江戸幕府のいわゆる「鎖国」と清朝の中国君臨によってであったといってよい。日清・日朝・清韓それぞれが異なる関係をとり結んだからである。

「鎖国」の日本は、清朝とは貿易のみの関係で、政治的な交渉はもたなかった。朝鮮とは国交を有したけれども、中央政府どうしは、ごく儀礼的な関係のみである。双方の間に介在した対馬《つしま》藩が、半島との恒常的な関係を保ち続けた。

清朝と朝鮮の間には、前代の明《みん》代からひきついだ朝貢関係が存在する。儀礼的な上下関係であって、たがいを「上国」「属国」と呼ぶけれども、「上国」の清朝が「属国」の朝鮮の内政外交に干渉したことは基本的にない。朝鮮はそのため、たとえば日本との関係を、清朝とは関わりなく、独自にとり結んでいた。

それぞれの政権はおおむね安定していたから、列島・半島・大陸の関係も、二百年の長きにわたって、大過なく推移する。

ところが十九世紀の後半、東アジアにも西洋の勢力が押し寄せてきた。西洋列強との大陸・列島・半島の交渉は、各政権に多かれ少なかれ影響を与えたから、在来のパワーバランスの取り方も、また変わらざるをえない。その試行錯誤の過程で起こったのが、日清戦争であり日露戦争である。

二十世紀の東アジアは、中国の義和団《ぎわだん》事変とそれにつづく日露戦争で始まった。勝利した日本は、そこでようやく朝鮮半島を掌握できたのである。

しかし以後の日本は、大陸に勢力を扶植《ふしょく》し、中国との対立が次第に全面化していった。そうした動きも半島と無関係ではない。日本が「満洲《まんしゅう》」に固執したのも、植民地支配していた朝鮮をいかに確保するか、という地政学的な安全保障上の利害関心が、根柢《こんてい》で働いていたからである。

第二次世界大戦に敗れた日本が「満洲」を失い、朝鮮半島から退くと、勢力地図は激変せざるをえない。あらためて列島（海洋）・半島・大陸のパワーバランスを再編しなくてはならなかった。そのために勃発したのが、朝鮮戦争である。その結果がいまも東アジアの国際情勢を規定している。

このようにみてくると、朝鮮半島をめぐる争いは、ほかならぬ日本列島の動向がポイントだった。日本が史上、強大になる、あるいは衰退するとき、必ず朝鮮半島という場が問題になったのであって、十六世紀に擡頭してきた当時から、今に至るまで続いているともいえる。

そうしたプロセスの中で、日清戦争という歴史事実をとらえたいと思う。

世界史の「分水嶺」

筆者は別の文章の中で、日清戦争を形容して「東アジア史の分水嶺」「世界史の分水嶺」と書いたことがある。ごく簡単な情況を一瞥《いちべつ》するだけでよい。十九世紀までと二十世紀以後とでは、世界も東アジアも様相をまったく異にしたからである。

世界史であれば、その主役が西欧から非西欧の大国に代わったし、東アジアでは何といっても、日本が大国として擡頭した。さらに帝国主義、あるいは世界の構造化というべきものが最後に、東アジアにまで及んで来たのが、やはりこの瞬間なのである。

一般に東洋史・中国史の文脈では、中国の近代といえば、アヘン戦争・一八四〇年ごろから始まった、といわれるものの、これは中国政府の公式史観にすぎず、日本の歴史学が盲従する義務も必要もない。あくまで史実に即して考えるべきである。

ごく俯瞰的に見れば、アヘン戦争およびそれ以後に、西洋列強が中国に直接アクセスしえたか、あるいは影響を及ぼして、中国に大きな変化があったかといえば、それはむしろ否定的に考えたほうがよい。おおむね十九世紀いっぱいまで、そうである。

むしろ「西洋の衝撃《ウェスタン・インパクト》」をへて、近代化した日本の役割に着眼するほうがよい。中国大陸も朝鮮半島も、日本の「衝撃」でようやく変わりはじめるという経過を想定するほうが、少なくとも大局的に歴史を見るに便宜かつ適切である。

大陸では日清戦争をへてから、ようやく全面的な近代化が問題になり、また加速していった。半島は日本の植民地という形で、以前とは異なる時代に入っていった。そうした観点から、日清戦争を東アジア史の分水嶺だと措定《そてい》することが可能である。

その分水嶺を起点に、およそ前後三十年づつのタイムスパンを考えればよい。ちょうど始点は明治維新、終点は満洲事変にあたり、ひとつの歴史のサイクルとなる。前の三十年が「戦争への道」、後の三十年が「戦いのあとに」という位置づけができようか。

戦争への道

明治維新の日本の立場としては、近代化して西洋の国家システムあるいは国際関係というものを構築していかないといけない。そのさい、とりわけ明治の為政者にとってネックになったのが、最も近隣の半島と大陸だった。つまり朝鮮・清朝とどのように交わってゆくかという課題である。

当時の日本列島にとって最も恐ろしかったのは、やはり朝鮮半島をへて列島に軍事的脅威が及んでくることだった。清朝にせよロシア帝国にせよ、最も近くにある半島に、そうした脅威の及んでくることが、非常に危機感としてあった。

列島がそう考える以上、大陸側が同じことを考えても不思議ではない。つまり、日本が朝鮮半島、ひいては北京《ペキン》政権に対する脅威なのだ、と。しかもそれは、明治維新・十九世紀後半から始まったわけではない。豊臣秀吉の朝鮮出兵で、明朝があえて援軍を派遣したのは、たとえば典型的な史実だろう。

しかしこの時期に特有なのは、日本が急速に近代化をすすめていたことである。いわゆる「富国強兵」にほかならない。軍隊の強化が最も重要な目的であって、当然ながら軍事力の増大をもたらし、それが顕著になってきた。中国の側が海を隔てて日本列島に見いだしたのは、まさにその点である。

明治日本がかつての「蒙古襲来」の再現を恐れていたのと同様、大陸の側、中国の側は、秀吉の朝鮮出兵の再来を恐れていた。これは中国側の史料に、とにかく明代の前轍《ぜんてつ》を踏んではならない、とはっきり書いてあり、つまり互いが互いを軍事的脅威と見なしていたのである。大陸と列島がそれぞれ疑心暗鬼、不信感をこもごも募らせてゆく構造が、事態の根柢にあった。

日本がそうした中、近代的な国際関係を築いてゆくため、清朝と条約を締結、朝鮮王朝と条約を締結した。それが一八七〇年代のことで、そこまではなお、平和裡《へいわり》の交渉である。しかし必ずしも、平穏な推移ではなかった。台湾出兵という軍事力の行使もあったし、琉球《りゅうきゅう》処分という領土の編入もあったからである。

いずれも日本が近代的な国家支配を及ぼしたプロセスにほかならない。しかし中国清朝の側からすると、自らの世界秩序体系に日本が土足で入ってきて、それを破壊したと見なすべき事件だった。

それでも中国側からみるかぎり、琉球は海を隔てるから、目前の現実としては、必ずしも切迫した喫緊《きっきん》の問題ではない。むしろ危機感を抱いたのは、「属国」・朝貢国の琉球と同じ地位にある朝鮮王朝だった。半島は北京に近い地続きの形勢、軍事的な要衝をなしていたからである。清朝政権は一八八〇年代以降、とみに警戒感を強めて、朝鮮半島に対し、それまでの関係を下敷きに、プレゼンスとプレッシャーを高めていった。

そうした動きに最もとまどったのは、当の朝鮮王朝の為政者たちである。にわかに党派の争いが顕著になったのもそのためで、そのまま清朝のプレッシャーを受け容れて、利用しようという立場もあれば、日本あるいは日本のみならず他の列強を利用しようという動きもあった。たとえば、いわゆる事大党・独立党である。双方が武力衝突して、日清両国をまきこんだのが、一八八四年十二月に起こった甲申《こうしん》政変である。

日清も交戦したこの事件を受けて、日清天津《てんしん》条約が結ばれた。伊藤博文《いとうひろぶみ》と李鴻章《りこうしょう》が当面、朝鮮半島から軍事力をひきあげて、互いに手を出すまいとしたとりきめである。これで十年間、東アジアの平和が保たれた。

戦いのあとに

しかし日清双方は、その間もにらみ合いを続け、軍備拡張をすすめている。また世界のパワーバランスも変わってきた。日本としては、それでなくとも劣勢である。清朝はじめ他国の圧力が、朝鮮半島にこれ以上、加わることは望まなかった。

それが陸奥宗光《むつむねみつ》の強引な日清開戦の動機にもなっている。日清双方の「朝鮮ニ於ケル権力ノ平衡ヲ尚ホ一層偏傾」せざるよう、「権力平均ヲ維持」するため、日本もまた「相当ノ軍隊ヲ同国ニ派遣」しなくてはならなかった、とかれが記したとおりである。

陸奥は他方で、以下のように述べ、日清戦争をいわば大陸側の旧来の世界秩序と、列島側の近代的な国際秩序がぶつかり合ったと位置づける。

而《しか》して日清両国が朝鮮において如何《いか》に各自の権力を維持せんとせしやの点に至りては、殆《ほとん》ど氷炭《ひょうたん》相容れざるものあり。日本は当初より朝鮮を以て一個の独立国と認め、従来清韓両国の間に存在せし曖昧《あいまい》なる宗属の関係を断絶せしめんとし、これに反して清国は疇昔《ちゅうせき》の関係を根拠として朝鮮が自己の属邦たることを大方に表白せんとし、実際において清韓の関係は普通公法上に確定せる宗国と属邦との関係に必要なる原素を欠くにもかかわらず、せめて名義上なりとも朝鮮を以てその属邦と認められんことを勉《つと》めたり。
（『蹇蹇録《けんけんろく》』岩波文庫）

日本は西洋流の国際関係を追求して、朝鮮を「独立国」とみなして、大陸の勢力と引き離そうとした。それに対し、清朝は在来の儀礼的な上下の関係を維持し、それを根拠として、朝鮮半島に軍事的なフリーハンドを保持しようとした、というわけである。

けっきょく列島側にせよ、大陸側にせよ、半島をめぐるパワーバランスをどのように構築するかが前提となっていた。そこをみのがすわけにはいかない。

日清戦争は周知のとおり、日本が勝利した。けれども三国干渉からつづくロシア勢力の拡大によって、朝鮮半島に扶植した日本の勢力は大きく後退する。日本としては、列島の安全にも関わるので、せめて朝鮮半島を確保すべく、ロシアと勢力範囲の画定交渉をおこなうものの、どうしても折り合いがつかなかった。かくて起こったのが、日露戦争だったわけである。

不易の本質

日清・日露の日本の戦勝は、清朝中国にも大きな影響を与えた。日本と同じ改革をして日本と同じ政体を打ち立てれば、強くなれると考えたからである。いわば日本モデルの近代国家というものをつくろうとした。中国史上「変法」「新政」と称する史実である。

その過程で芽生えてきたのは、当然ながら、ナショナリズムである。そのため二十世紀になると、中国では列強がそれまで有していた利権を回収しようという気運が高まってきた。日本とも対立が深まり、満洲事変から日中戦争へ推移すると理解できる。

東アジアのパワーバランスは日清戦争までは、中国・大陸側による在来の世界秩序と、列島側が近代西洋流の国際関係とで保っていた構図だった。それに対し、以後の二十世紀、とりわけ満洲事変以降は、ネイションとネイション、ナショナリズムがぶつかりあう形となる。確かに大きな転換ではあった。

ただし「満洲」がそこでも、一貫して問題になっていたのはみのがせない。朝鮮半島の確保には、地続きである東三省《とうさんしょう》を押さえておく必要がある。逆に大陸の側からみれば、東三省を確保するには、朝鮮半島を押さえておかねばならない。たとえば日清戦争で、日本が遼東《りょうとう》半島を清朝中国から割譲させたり、ロシアがそこを三国干渉で還付させたりした史実からもわかるだろう。

そのため、たとえば「満韓一体論」などというように、半島とそこに続く大陸の地方との関係は、パワーバランスを構築する上で重大な問題になる。

そうした観点からすれば、日露戦争が日清戦争の再現だったとみても、およそさしつかえあるまい。そして日露戦争で「満洲」が戦場になったのは、日本の立場として、朝鮮半島を譲れないからであって、あえてそこから踏み出して戦った、という経緯をたどっている。

だとすれば、日清戦争はいまなお、終わっていないともいえようか。朝鮮戦争がまだ正式に終戦を迎えていないからである。日本が植民地支配を放棄したのち、朝鮮戦争が起こり、中国が「満洲」から半島に踏み出して戦ったのは、日露戦争の日本とはちょうど逆の立場であって、同一の利害関心にもとづいていた。そして日清戦争以後、ずっと失ったままだった平壌《ピョンヤン》を奪回したのである。それでもやはりソウルまでは及ばなかった。その観点からいえば、現状は終わらない日清戦争なのであって、地政学的なパワーバランスは、そうした不易の本質をそなえている。

理解の欠如

不易の側面として、別にいま一つつけくわえるとすれば、歴史的な「相互理解」の欠如であろうか。大陸も半島もそうである。率直にいって、その言動が往々にして理解できない。これはいま現在だけではなく、歴史を読んでみても、やはりそうなのであって、極端にいえば、勉強すればするほど、わからなくなる、という世界である。

半島なら昔は朝鮮王朝、今は南北の政権が存在し、いずれをとっても、理解を越えたところが少なくない。おそらくそうした部分が、具体的な課題に転化して、現代・目前に横たわっている。だとすれば、問題は半ば以上、こちらの認識・理解にあるのではなかろうか。

無理にわかろうとして一知半解、ないし誤解・曲解に陥るのは、世の常である。それなら理解には至っていないと自覚することなしに、正確な理解ははじまらない。

それは本章でとりあげたような問題でも、まったく同じである。たとえば上述で、二十世紀以降に出現した中国のナショナリズムに言及した。しかし同じくナショナリズムといいながら、中国の場合、われわれが想定する西洋的な近代国家や国際関係の基準では、理解できない点も少なくない。朝鮮半島も同断だろう。

それならどのように理解し、対処すればよいのだろうか。それには、歴史的なアプローチが有効、かつ捷径《しょうけい》だといいたい。ネイション・近代国家になる、あるいは近代化というものを考えるにあたっては、十九世紀末や二十世紀よりも、昔に遡《さかのぼ》る必要がある。

たとえば日本なら、江戸時代からとってきた政治体制とか社会構造が近代化・近代的な憲法・立憲制のベースになっているから、そこまで考慮に入れたほうがよい。半島であれ、大陸であれ、各々事情は異なっても、同じことがいえるだろう。そのいわゆる近代化は、やはり前代の清朝・朝鮮王朝の政治体制・社会構造をベースにしている。

政治体制をみるなら、今の中国でも韓国でも、「法治」が問題になりがちである。それは「憲政」「法治」の概念と土壌が、やはりわれわれの考えるものとは同じではないからであろう。もっと以前からの、深層にある社会構造や思考方法というものが、問題なのではなかろうか。それなら互いをよく理解しあうのは、少なくとも一朝一夕には不可能な、かなり困難な事業である。

列島と大陸・半島とがそれほどに違うのだとすれば、それぞれの「文明の衝突」ともいえなくもない。しかしそう断じてしまうと、朝鮮出兵や日清戦争のように、またぞろ「衝突」する運命なのか、戦争をくりかえさざるをえないのだろうか。そんな破局を避けるような工夫、あるいは装置が必要になるであろう。

十九世紀末の日清戦争以前、あるいはそれよりもはるか昔の江戸時代・清朝の時代に、相互理解があったはずはない。それでも平和を保っていた時期が、やはり長く続いた。それならどのような条件で、それは可能だったのか。

そうした意味からも、歴史に学ぶものは決して少なくあるまい。日清戦争の位置づけはそうした点、現在まで続く、ひとつの画期をなしている。

けっきょく本章は、歴史を教えている教師が、歴史にもっと目を向けて欲しい、というごく平凡な願望の吐露に終わってしまった。けれども、おそらく最も重要なことの一つだとも確信している。

【さらに詳しく知るために】

岡本隆司『世界のなかの日清韓関係史――交隣と属国、自主と独立』講談社選書メチエ、二〇〇八年……①
岡本隆司『叢書　東アジアの近現代史1　清朝の興亡と中華のゆくえ――朝鮮出兵から日露戦争へ』講談社、二〇一七年……②
岡本隆司『増補　中国「反日」の源流』ちくま学芸文庫、二〇一九年（初刊二〇一一年）……③

関連の拙著を三冊あげるにとどめたい。いずれも十六世紀から二十世紀初めにいたるまで、ほぼ同じタイムスパンをたどった通史である。それぞれ異なる視角からアプローチを試みた。①は朝鮮半島を中心とした国際関係史。②は清朝の興亡を中心にした東アジア史ながら、内陸アジアとの関係も視野に入れ、③は日中の社会構造とそれが規定した政治過程を描いている。さらにくわしく知りたい向きは、各書にあげた参考文献を繙《ひもと》かれたい。

第3章　日露戦争と近代国際社会

細谷雄一

世界史のなかの日露戦争

二十世紀が幕を開け、世界が最初に目撃した大国間の戦争が日露戦争であった。フランスの外交史家ルネ・ジローは、それゆえこの日露戦争について、「現代の国際関係の重大な変化の発端となった」と述べている。というのも、この戦争はその後の「二十世紀の戦争」の一つのモデルともなり、また「それ以上にこの戦争は、第一次世界大戦に至るまでの加速度的展開を理解するための多くの重要な現象を検出するものとして役立つ」からだ（ジロー〔一九九八〕）。

このように、日露戦争の世界史的な意義を理解することが二十世紀の戦争を理解することにつながり、その後の歴史の大きな流れを理解することにもつながるのである。いわば、二十世紀初頭における日本史と世界史の最も重要な結節点として、日露戦争を理解することが重要なのだ。それゆえここでは、すでに豊かな研究が存在する日露戦争をめぐる日本国内の政治過程の詳細を描くのではなく、むしろ国際関係の歴史のなかに日露戦争を位置づけてその展開を概観することにしたい。

二十世紀の地政学の構図

一九〇四年二月八日に勃発したこの戦争は、事実、その後の世界史の動きに甚大《じんだい》な影響を及ぼす出来事となった。それを理解するためには、日露戦争の背景にあるヨーロッパの国際関係を理解することが必要である。ユーラシア大陸東端で勃発した日露戦争は、地球規模で対立していた海洋国家であるイギリス帝国と大陸国家であるロシア帝国との間に見られた地政学的対立、いわゆる「グレート・ゲーム」の動向と緊密に結びついていた。すなわち、シベリア鉄道の建設や、ロシアの膨張主義によって、イギリス帝国の権益が脅かされるとともに、ロシアの影響力が朝鮮半島に浸透することで日本の安全も脅かされていた。

日露戦争勃発の二年前に締結された日英同盟は、ロシア帝国を挟むイギリスと日本という二つの海洋国家の運命を結び付けることになった。そのようにして、ユーラシア大陸における海洋国家と大陸国家の間の地政学的な対立の構図のなかに日露戦争を位置づけるならば、その後の二度の世界大戦におけるイギリスとドイツの対立、さらには冷戦における米英とソ連との対立の構図へとそれがつながっていくことがわかる。二十世紀の世界史は、地政学的に概観するならば、ユーラシア大陸の外縁部をめぐる大陸帝国と海洋帝国との間の対立によって特徴づけられていた。その意味でも、ユーラシア大陸における大陸国家の覇権主義的な膨張を阻止した日露戦争における日本の行動は、その後の二十世紀の国際関係の原型を提供していたことが理解できる。

他方、日露戦争の帰結はその後のヨーロッパの大国間関係に決定的な影響を及ぼすことになった。戦争の結果としてロシア帝国が敗退したことにより、ロシア海軍というイギリス帝国にとっての脅威が消失した。そのことは、一九〇七年に英露両国が接近する環境を用意する。いわば、日露戦争の結果としてのロシア海軍の壊滅的敗北こそが、その後の英露接近、さらには英仏露間の三国協商形成の前提になるのであった。

その後、二十世紀においてイギリス帝国が対峙《たいじ》する大陸国家は、ロシア帝国からドイツへ、そしてさらには冷戦期のソ連へと変わっていく。このようにして日本の軍事行動が意図せずしてヨーロッパの大国間関係に巨大な影響を及ぼし、新しい対立の構図が生まれていった。それは、必ずしも戦争中に日本の指導者たちが意識していたことではなかった。

人種問題としての日露戦争

ヨーロッパ最大の陸軍大国であったロシア帝国に、極東の新興国である日本が戦争で勝利を収めたことは、それまでのヨーロッパの大国が支配していた国際政治を文明論的にも根幹から変容させていくことになる。本来は、白人国家であるロシア帝国は人種的にも文明的にも日本に優越しているはずであった。そもそも有色人種の日本人が、ヨーロッパの大国であり、誇り高きロマノフ家が統治するロシアに勝利することなど不可能なはずであった。

ところが日本は、訓練された規律ある軍事組織と、実効的な統治機構、さらには次第に有機的に連携していった政軍関係が存在することによって、そのような人種主義的な偏見を打破したのである。それは、ヨーロッパの主要大国のなかで、有色人種の擡頭《たいとう》と白人の没落を恐怖する黄禍《こうか》主義（イエロー・ペリル）のイデオロギーを広める効果をもたらし、ロシア帝国とドイツ帝国において危機意識が強まっていく。というのも、ルネ・ジローが論じるように、「アジア国家の勝利は、アジア内外で衝撃的な革新と感じられた」からである。すなわち、「「黄色人種《ジョーンヌ》」の勝利はヨーロッパ人やアメリカ人に不安を与え、アジアの人々には多大の希望をかき立てさせた」からである。

事実、この頃にはそのような黄禍論の論調が欧米諸国ではしばしば見られた。たとえば、日清戦争後の三国干渉の直後に、ドイツ皇帝のヴィルヘルム二世は義理の従兄弟《いとこ》のロシア皇帝ニコライ二世に宛《あ》てて、次のように書簡のなかで論じている。「ぼくは君が日本に対抗してヨーロッパの利益を守るためにヨーロッパが連合して行動を取るようにイニシァチヴを取った、その見事なやり方にたいして心から感謝している……大黄色人種の侵入からヨーロッパを守るのが、ロシヤにとっての将来の大きな任務であることは明らかだ」（廣部泉『人種戦争という寓話──黄禍論とアジア主義』名古屋大学出版会、二〇一七年）。

さらには、アメリカに移住した元イギリス外交官のフレデリック・カンリフ＝オーウェンは、一九〇四年三月三十一日付『ワシントン・ポスト』紙に寄せて、ロシアに対して日本が勝利を収めることは、「アジア全域にわたる白人種全体の威信」が破壊されてしまうことになると警鐘を鳴らしていた。近代国家としての日本の擡頭、さらには日露戦争での日本の勝利は、このように人種主義的な脅威として一部の論者から警告が発せられており、そのような認識が二十世紀半ばに至るまでしばしば見られたのである。

日露戦争における日本の勝利は、何よりも、二十世紀の国際政治における日本の擡頭、さらには非西洋文明圏の擡頭を予期させる出来事であった。それが、ヨーロッパの国際関係を再編すると同時に、国際社会の性質それ自体にも巨大な影響を与えることになる。それまでヨーロッパの大国によって統治されていた国際秩序は、二十世紀が幕を開けるとともに、アメリカという非ヨーロッパの大国、さらには日本という非白人の大国の擡頭によって、不可避的に大きく変容していく。そこに、日露戦争の世界史的な意義が存在していた。

「第ゼロ次世界大戦」

ところで近年の研究のなかで、日露戦争は「第ゼロ次世界大戦」と呼ばれており、二十世紀の幕開けを告げる重要な画期となったと指摘されている。これは、日露戦争がその後の二度の世界大戦に象徴されるような総力戦の源流となったという認識が、その理由の一つである。さらには、この戦争は二十世紀における最初の、主要な大国間のグローバルな規模での戦争であった。その影響が単なる日露の二国間関係にとどまるものではなかったことが、そのように呼称されるおもな理由であろう。

日露戦争について優れた研究を行ってきた横手慎二慶應義塾大学名誉教授は、その著書のなかで、次のように述べている。すなわち「日露戦争はその規模においても、また用兵のレベルでも、利用された兵器のレベルからしても、さらには長期戦を支える前線と銃後の密接な関係からしても、この時期に頻繁に起こった植民地戦争とはまったく異なるものであった。ひとことでいえば、戦争は普仏戦争以来三〇年以上も存在しなかった大国と大国の戦争であったのである。ここには、塹壕戦と機関銃の組み合わせ、情報と宣伝の利用能力、制海権の確保に関わる陸軍と海軍の連携など、ヨーロッパ諸国が第一次大戦で学ぶ戦争技術のほとんどが、明瞭に、もしくは萌芽の形で現れていた」（横手〔二〇〇五〕）。

実際に、この戦争を視察して分析する多くの観戦武官が両国軍に帯同しており、彼らの報告書がその後の軍備強化に大きな影響を及ぼすことになる。海戦も陸戦も、彼らが目にした戦場は十九世紀のヨーロッパで一般的であったそれとは大きく異なるものであり、衝撃的であった。巨大な装甲艦を用いた艦隊決戦や、広大な平野での機関銃を用いた激しい陸戦は、その火力と破壊力において、彼らの想像を上回るものであった。これらの衝撃が、その後の列強における軍事力増強、さらには第一次世界大戦における激しい戦闘に帰結することになる。

とはいえ日露戦争は実際には「世界大戦」ではなかったし、交戦国は日本とロシアの二国に限られていた。また、この戦争の主たる戦場は日本海と朝鮮半島、そしてその後背地の満《まん》洲《しゅう》近辺に限定されており、ヨーロッパの大国にとっては地球の裏側の遠隔地での戦闘にすぎなかった。「総力戦」といっても、交通および通信手段が依然として限られていたなかで、ロシア帝国で総動員するにはあまりにもその資源が不十分であった。あくまでも、日本の同盟国であるイギリスや、ロシアの同盟国であるフランスの役割は間接的なものであって、直接的にこの戦争に影響を及ぼしていたわけではない。

重要なのは、この日露戦争を契機として大国間の国際関係の構造が大きく変容して、のちの第一次世界大戦へとつながる新しいいくつもの外交の転換が見られたことである。日本海海戦の敗北でロシア海軍が致命的な損失を負ったことで、イギリス帝国にとってロシア海軍はもはや脅威ではなくなる。そのことは、前述のように一九〇七年の英露協商につながる動きの伏線となる。また、日本の勝利が朝鮮半島および満洲における日本の優越的な地位へと結びついていき、日本の大陸進出が次第にアメリカなどの大国との間の摩擦を生み出すことになる。

何よりも、戦争での敗北がロシア皇帝ニコライ二世の権威を大きく損ない、それとともにロシア国内での帝政の権力基盤が侵食され、ロシア革命への道を開くことになる。いわば、その後の世界大戦につながる勢力均衡の変容や、合従連衡《がっしょうれんこう》の再編、さらには革命につながる国内秩序の動揺を喚起したことからも、この日露戦争は世界史的な影響を及ぼす戦争であったとみなされている。それが、「第ゼロ次世界大戦」と呼ばれる理由であろう。このようにして、グローバルな視野から日露戦争の歴史を眺めることで、国際社会が二十世紀の新しい時代へと突入していくダイナミズムが理解できるのではないか。

それでは次に、十九世紀末にロシア帝国が極東地方に関心を強めていく様子を見ていきたい。

ロシア皇太子の極東訪問

一八九〇年十月、ロシア帝国の皇太子ニコライは、ガッチナ宮殿を出発して、東に向かう長い旅に出た。ギリシャ王子とともに、エジプト、インド、セイロン（スリランカ）、シャム（タイ）、中国、そして日本を経由して、ロシアで新しく開拓の進む日本海沿岸の都市、ウラジオストクでシベリア鉄道の除幕式に参列することになっていた。

極東地方を訪れるロシアの皇太子は、ニコライがはじめてであった。ウラジオストクは、優雅な帝都サンクトペテルブルクからは遠く離れた、未開の地であった。だが同時に、ロシアの将来の発展のために極東地方が重要になるだろうと、帝政ロシアの政府内の一部では認識されるようになっており、そのことをニコライも深く理解していた。その意味でも、シベリア鉄道開通の起工式の機会に皇太子ニコライがウラジオストクを訪問するのは、この時期にロシアが極東に関心を深めていく姿勢の象徴でもあった。とはいえ、この時期の日露関係は依然として友好的な色彩が強かった。まだ戦争の足音は聞こえていなかった。

まだ二十二歳であった皇太子ニコライは、日本訪問中に非公式に日本の情緒を味わうことを希望しており、さらには日記に「私も日本娘と結婚したい」と書いていた。

一八九一年四月二十七日、ロシア皇太子を乗せた巡洋艦は長崎港に停泊し、五月三日にはロシア料理店ヴォルガでニコライは夜の寛《くつろ》いだ時間を乗組員たちといっしょに楽しんだ。若きプリンスであるニコライはそこで、色白の洋装姿の道永エイと出会った。ニコライとエイは二人で親密なダンスを楽しみ、そのまま別室で朝まで二人で時間を過ごしたとされる。つかの間のロマンスであった（ゾーヤ・モルグン『ウラジオストク――日本人居留民の歴史　1860～1937年』藤本和貴夫訳、東京堂出版、二〇一六年）。

明朝にボートで巡洋艦に戻ったニコライは、淡く情緒的な思い出とともに船を出航させて、次の目的地である鹿児島港、さらに神戸港を目指した。そこから陸路で東京へと向かう予定となっていた。ところがその旅の途中の滋賀県大津で、暗殺未遂事件、いわゆる大津事件に遭遇した。それによって急遽《きゅうきょ》予定を変更してニコライは神戸港に戻り、東京訪問を中止にしてウラジオストクに直行する。それによってニコライの日本の印象が悪くなったわけではない。のちにもしばしば若き日の日本への冒険を、心地よい思い出として語っている。

この極東訪問の経験は、皇太子ニコライ、のちの皇帝ニコライ二世に巨大な影響を及ぼすことになる。ニコライ二世の評伝を書いた歴史家のドミニク・リーベンによれば、「ニコライの主要な関心は何よりも、シベリアと極東の開発にあった」のであり、「とくに一九〇〇年以降は、極東政策への皇帝の関与が重大な影響力をもつようになった」という（ドミニク・リーベン『ニコライⅡ世――帝政ロシア崩壊の真実』小泉摩耶訳、日本経済新聞社、一九九三年）。当時の皇帝の顧問官の多くが、ヨーロッパ中心主義的な世界観を持ち、極東開発の重要性を軽視していたなかで、皇帝は自らの訪問の経験からもロシアの未来が広大なシベリアの開発にあると考えていた。それがロシア帝国のアジア進出と結びついていた。

これはまた、この時代のヨーロッパの大国の趨勢《すうせい》でもあった。十九世紀末から二十世紀初頭にかけて、アフリカの植民地分割はほぼ完了しつつあり、ヨーロッパの大国の眼差《まなざ》しは次のフロンティアであるアジアに向かっていた。とりわけ、一八九四年に始まる日清戦争で清国が敗北してその脆弱《ぜいじゃく》性が露呈されると、イギリスやロシア、さらにはフランスやドイツは自らの中国権益の拡大する方向へと動いていく。

たとえば、皇帝となったニコライ二世は、一九〇一年十月に、「朝鮮を奪いたくはないが、日本に朝鮮を占領されることは何としても阻止したい」と語っていた(同前)。「力の真空」ともいえる朝鮮半島において、日本の影響力の浸透を阻止することが、ロシア政府の重要な目的となっていく。反対に、ロシアの影響力が朝鮮半島の王朝に浸透していく様子は、日本政府にとっての深刻な懸念となっていった。

このように日清戦争後の極東は、ヨーロッパの大国が駆け引きを行う表舞台となり、また勢力拡大のための魅力的な空間となった。朝鮮半島をめぐる日露間の対立関係は、国際政治の趨勢の帰結でもあった。そして、そのような対立の構図が日露戦争へと両国を導いていく。

とはいえ、この段階では依然として、両国ともに、友好親善や関係強化の方途を模索しており、必ずしも開戦が必然であったわけではなかった。にもかかわらず、日露両国が戦争に引きずられていった一つの理由として、この二つの大国を囲む重要な地政学的な背景が存在していたのである。

「グレート・ゲーム」の時代

この時代の国際政治の重要な一つの特性として、ユーラシア大陸の外縁部をめぐる海洋帝国イギリスと、大陸帝国ロシアとの間の、地政学的な対立が指摘できる。この対立の構図は、すでに述べたように「グレート・ゲーム」と呼ばれていた。それは、ヨーロッパ大陸から、東地中海と中東を経由して、英領インド、東南アジア、中国、そして朝鮮半島へ至るユーラシア大陸の外縁部において、南下政策をとるロシア帝国と、海路のシー・コミュニケーションを自らの支配下に収めるイギリス帝国との間の、地球規模の対立であった。

一九〇二年一月に日本が日英同盟を締結したことは、このようなイギリス帝国とロシア帝国との間のグローバルな規模での地政学的対立の構図のなかに、日本が組み込まれたことを意味していた。日本は、清国に勝利を収めたその近代的な軍事力を用いて、ロシアが南下して勢力圏を拡大することを制止することが期待されていた。

国際政治学者のヘンリー・キッシンジャーはその著書『外交』のなかで、「特筆すべきことは、ロシアのアジアにおける領土領有の意欲は、新しい土地を獲得するたびにますます強まることである」と述べている。また「ロシアの指導者達は、極東はロシアの固有の問題であり、他の国々は干渉する権利がないとの立場をとった」という。キッシンジャーによれば、「ロシアは、領土の拡張をやめないことにより自らを大国であると意識し続けていた」のである(ヘンリー・A・キッシンジャー『外交』上巻、岡崎久彦監訳、日本経済新聞社、一九九六年)。そのようなロシアの領土拡大への強硬な姿勢は、日本との関係、さらには極東において最大の権益を保持していたイギリスとの関係を、必然的に緊張させていく。

他方で、イギリスはこの頃、ボーア戦争(南アフリカ戦争)における軍事力展開に伴って国力を疲弊させており、さらには版図を広げたイギリス帝国の治安と安定を維持するために大きな軍事力が必要となっていた。それゆえソールズベリ政権の外相であったランズダウン卿《きょう》は、イギリスのグローバルな権益を維持するためにも、「光栄ある孤立」の政策を放棄して、積極的に協商関係や同盟関係を構築する必要を感じていた。それは、一九〇二年の日英同盟と、一九〇四年の英仏協商へと帰結する。

世紀転換期のこの時期に、日露間での緊張が高まる契機となった要因が、いくつか見られる。第一に、日清戦争後の三国干渉において、ロシアが主導して同盟国のフランス、さらにはドイツと提携して日本の遼東半島領有を妨げる結果となった。それは、極東で日本の影響力が膨張することへのロシアの懸念の表出であるとともに、仏露接近の帰結でもあった。日本は、ロシアが中核となって牽引《けんいん》したヨーロッパの三大国による圧力によって、遼東半島を清国に返還することになり、それは大きな不満と屈辱として記憶された。他方でそのことは、そこに参加していなかったイギリスに接近する大きな動機にもなった。第二に、義和《ぎわ》団《だん》事件（一九〇〇年）において多国籍軍に参加して自国の権益保護のために兵力を派遣したロシアは、治安が安定化したのちも満洲に進出した兵力を撤退させずに駐留を続けていた。このことは日本をはじめとする国々が反撥《はんぱつ》する結果となり、ロシアの領土的野心の表出として認識されていた。

この時期のロシアは、日本が朝鮮半島を支配することで、自国の影響力を南方へと拡大する方針が妨げられることをきらっていた。ロシアはこの時期に、シベリア鉄道の建設をはじめており、極東に勢力を拡大する上で、ウラジオストク港のほかに冬季も凍結しない不凍港を確保することでこの地域の制海権を手に入れたかった。日本の朝鮮半島への影響力の浸透は、その障害になるであろう。

またロシアから見ると、地中海と極東の二つの地域で、イギリス帝国こそが自国の勢力圏拡大を妨害していると考えていた。ロシアは、軍事的圧力によって日本の行動を牽制したかった。ニコライ二世は、一九〇一年十一月にサンクトペテルブルク郊外の離宮に招いた伊藤《いとう》博文《ひろぶみ》と会談した。伊藤は、その半年前に首相を辞しており、その後は日露接近に力を注いでいた。そこで皇帝は、伊藤のわかる英語で、次のように語っている。「露日間の協商は十分に可能であり、その協商関係は単に両国にとって、さらには極東の平和にとって、有益であるばかりでなく、この協商関係を活かして、さらに大きな目的を達成するためにも役立つものと私は確信する」（麻田〔二〇一八〕）。

このように、この時期のロシアは必ずしも日本との戦争を望んでいたわけではないのであろう。だが、軍事力を急速に増強して、清国に勝利を収めた新興国の日本が極東で自らの脅威になることを傍観することも、望ましいことではなかった。それゆえに、ニコライ二世は次のようにも語っていた。「私自身は韓国を欲しくない。けれども、日本人がそこに足を踏み入れるのも黙認できない。もし彼らがそうするのなら、ロシアにとっては開戦の原因となる。日本人が韓国にいることは、東アジアにおいて新たなボスポラスのようになるだろう。ロシアは断じて容認できない」（同前）。

「東アジアにおいて新たなボスポラスのようになる」と予期しているところに、ロシアが東部国境の朝鮮半島の問題と、西部国境のボスポラス海峡の問題を、ユーラシア大陸全体を視野に入れて連関して考慮していたことが理解できる。結局のところ、伊藤が期待したように日露関係が協商締結へ向けて前進することは困難であった。日本政府はむしろ、ロシアではなくて、イギリスへと接近していったのだ。一九〇二年にイギリスと日本が同盟を締結したことによって、この日英同盟こそがロシア帝国にとっての大きな障害物となる。ユーラシア大陸における英露間の「グレート・ゲーム」は、ロシア帝国と日英同盟が対峙するかたちへと発展していった。

日露開戦へ

日本の政府内では、朝鮮半島の独立と日本の安全を確保するためにはロシアとの戦争が不可避であると考える対露強硬派の小村寿太郎《こむらじゅたろう》、桂太郎《かつらたろう》、山県有朋《やまがたありとも》と、ロシアとの戦争を回避したい伊藤博文、井上馨《いのうえかおる》らとの間で、意見が対立していた。日本の世論もまた、開戦派と非戦派とで意見が分かれていた。他方で近年の研究では、これらの二つの路線が必ずしも対立していたわけではなく、両者ともにロシアと外交交渉で合意に到達する必要性や、イギリスとの協力を強化していく必要性を感じていた（千葉功『旧外交の形成——日本外交一九〇〇～一九一九』勁草書房、二〇〇八年）。

それまで日露協商を成立させるための努力を続けていた伊藤からすれば、ロシアの軍事力はあまりにも強大であり、戦争で勝利を収めることは考え難いことであった。他方で、義和団事件以降、満洲から撤退を実行しないロシアは、満洲に駐留する軍事力を着々と増強させていた。さらには大韓帝国皇帝の高宗《コジョン》を通じてロシアは朝鮮半島への影響力を増大させており、そのことが日本にとっての深刻な懸念となっていた。一九〇三年六月十二日には、ロシアからアレクセイ・クロパトキン陸軍大臣が日本を訪問して交渉を行ったが、ロシア政府はこの頃日本の軍事力を低く見積もっており、満洲撤退問題について真剣に討議する様子は見られなかった。

日本政府は妥協案として、満洲と朝鮮半島におけるそれぞれの勢力圏を受け入れる、いわゆる満韓交換論を提起するようになっていた。ロシアとの戦争を回避するためには、満洲におけるロシアの特別な地位を容認する姿勢であった。他方でロシア国内の強硬派は人種主義的に日本の国力を低く評価し、たとえ戦争になってもロシアは容易に勝利を収めることができると楽観していた。ロシア皇帝のニコライ二世も、日本に譲歩を示す必要を感じておらず、それゆえに日本政府は外交交渉により問題解決に至ることは困難だと考えるようになっていった。

朝鮮半島におけるロシアの影響力がこれ以上拡大することは、日本の「生命線」を脅かすと考えた桂太郎内閣は、一九〇四年二月六日に小村寿太郎外相が駐日ロシア大使館のローゼン公使に対して国交断絶を伝えた。その直後に日本の陸軍が朝鮮半島に進軍してロシア軍を駆逐して、海軍が旅順に停泊するロシア海軍の太平洋艦隊を殲滅《せんめつ》した。日本の奇襲攻撃に十分な準備ができていなかったロシア軍は、適切な対応をすることができずしばらくは混乱が見られた。ロシア政府は、宣戦布告を行う前の日本の奇襲攻撃を国際法違反と批判していたが、他方でロシアも事前に朝鮮半島に軍事進駐を進めており、またこの時期の開戦法規では日本の攻撃を国際法違反と断定することは困難であった。

二月九日には仁川《インチョン》港外においてロシアの巡洋艦ヴァリャーグおよび砲艦コレーエッツを砲撃して、自沈に追い込んだ。このことは、朝鮮半島において日本が制海権を握る上で有利に働いた。二月十日には正式に日本政府からロシア政府への宣戦布告がなされ、これ以降戦闘は本格化する。いよいよ、両国が交戦状態に入った。戦争の準備を周到に整えて、国内の政治指導においても強固な結束を示した日本が戦争を有利に進めていく。ロシア海軍の艦隊は旅順港とウラジオストク港に二分されており、日本の海軍の巧みな戦術の前に戦力として期待された実力を発揮することができないまま、壊滅的な敗北に追い込まれていった。

ポーツマス講和条約

一九〇五年一月九日に、ロシアでは血の日曜日事件が起こり、戦闘での相次ぐ敗戦や、皇帝が始めた戦争による生活のさらなる困窮に怒りを感じる民衆の不満が爆発した。長引く戦争による国民の犠牲は、のちのロシア革命を引き起こすロシア社会の不安定化へとつながっていく。さらには、五月二十七～二十八日の日本海海戦において、ロシア海軍はバルト艦隊のほとんどを失い、制海権を完全に失ってしまった。バルト艦隊は、ヨーロッパのバルト海から七ヵ月におよぶ長い航海を経て地球を半周する旅ののちに日本海に到着し、もはや戦闘を行う士気を失っていた。

近代的な海軍の艦船を鮮やかに駆使して、日本の連合艦隊は水雷艇三隻を失うのみという圧勝の結果に終わり、世界を震撼《しんかん》させた。ロシア海軍の司令長官も捕虜《ほりょ》になるという失態に至り、ロシア国内ではこのような悲惨な戦闘の結果に怒り、各地で皇帝への怒りを示す暴動が広がっていく。ロシアにはもはや、戦争を継続するための国民的な支持も、制海権を回復するための十分な戦艦の数も失われていた。

他方で日本もまた、強大なロシア軍との戦闘を続けるために多くの兵力を集める必要があり、戦費も一八億円にも達していた。このような負担を続けることは、日本政府にとって不可能であった。双方の側に、次第に講和を求める雰囲気が醸成されていく。

アメリカ大統領セオドア・ルーズヴェルトの仲介によって、一九〇五年八月十日からニューハンプシャー州ポーツマス郊外で講和条約をめぐる交渉が始まった。日本からは外務大臣の小村寿太郎が、そしてロシアからは元財務大臣のセルゲイ・ウィッテがそれぞれ全権代表として講和会議に参加していた。日本は当初期待していたような賠償金や領土の割譲を得られなかったが、これ以上の戦争継続は国力の疲弊からも不可能であると考えた、東京に残っていた伊藤博文の強い要請により、一九〇五年九月五日に講和条約であるポーツマス条約が締結された。ここに、一八ヵ月に及んだ日露戦争が終結する。

日露戦争とは何だったのか

横手慎二はその著書のなかで、日露戦争の世界史的な意義を次のように簡潔に論じている。「日露戦争は、明治新体制を発足させてから四〇年も経たないアジアの国家が、ヨーロッパの大国ロシアを破った大きな事件であった。ヨーロッパ諸国に学んだ改革を巧みに実行すれば、非ヨーロッパの国でもヨーロッパ諸国に戦争を挑み、勝つことができるという事実を明確に示した。これこそが日露戦争の生み出した思想（イデオロギー）であったといえるであろう」（横手〔二〇〇五〕）。

「日露戦争の生み出した思想」は、二十世紀の歴史のなかで瞬く間に世界中に広がっていった。日本の指導者たちの意図や、その後の日本がたどった経路がどのようなものであったにせよ、そのような「イデオロギー」に動かされて、多くの非ヨーロッパ国が植民地支配から脱するための闘争を始めていく。このイデオロギーと情熱こそが、世界史を動かして、二十世紀の歴史を創っていったのだ。皮肉なことに、その後の日本の軌跡は、非ヨーロッパ国の脱植民地化を励ますものであると同時に、自らがヨーロッパの大国と同様の行動原理を示して、資源や安全を求めて勢力圏を拡大していく結果となる。

なお、日本側の戦闘に参与した軍人と軍属の総数は一〇八万人を超えており、ロシア側はシベリア鉄道で輸送された兵力が一二九万人を超える規模であった。また戦死者は日本側が八万四〇〇〇人、ロシア側は五万人以上とされている（同前）。まさに、「総力戦」というに相応《ふさわ》しい、国力を挙げての大規模な戦闘であったことがわかる。言い換えれば、そのように国民を動員するためにはナショナリズムの興隆が不可欠であった。

多大な犠牲を払って勝利を手にした国民は、講和会議では日清戦争を上回る領土と賠償金が入手できると期待していたが、ロシアは講和会議において強硬な姿勢で臨み、戦争再開を辞さない態度であった。国力において劣る日本は、兵力、装備、兵站《へいたん》などを考慮すればとても再びロシア軍と戦う余力はなく、南樺太の領土と遼東半島の租借権、およびロシア軍捕虜を養うのに使った限定的な経費を得るにとどまる講和条約を受け入れるほかなかった。そのような講和条約に不満を抱く国民は、九月五日に日比谷公園に集結して、内相官邸焼き討ちなどの激しい暴動を行った。ナショナリズムは戦争における活力であると同時に、外交的妥協を困難にする圧力ともなっていく。

他方で、日露戦争とはそもそも、朝鮮半島への影響力浸透をめぐる日露間の対立を起源とする。したがって、日本の勝利はそのまま、日本が朝鮮半島において優越的な地位を占める結果となった。一九〇四年八月二十二日に締結された第一次日韓協約は、朝鮮半島の日本の植民地化に向けた重要な契機となった。朝鮮半島を自らの勢力圏に収めた日本は、日露戦争後はむしろ朝鮮半島の権益を保護するために、その後背地である満洲へと影響力を浸透させる必要を感じるようになっていく。

二十世紀に入って最初の大国間戦争であり、世界史的にはじめてともいえる「総力戦」となった日露戦争における巨大な国民の犠牲と、暴走するナショナリズムは、その後の二十世紀に人類が経験する悲劇を予告するものであった。他方で、十九世紀後半に急速な近代化を成功させた日本にとっては、明治の指導者たちが選択した道のりが誤りではなかったことを確認する機会となった。近代国家建設の帰結であり、また総力戦の起源でもある日露戦争は、ヨーロッパの歴史とアジアの歴史が融合する意味で世界史のなかでも特別な位置を占めている。日露戦争とともに、近代国際社会は新しい段階へと発展していくことになるのである。

【さらに詳しく知るために】

麻田雅文『日露近代史――戦争と平和の百年』講談社現代新書、二〇一八年

日露関係の歴史を、外交を中心に概観しており、日露戦争に至る過程の背景について深く理解することが

できる。日露関係の通史を描いた貴重な一冊。

南塚信吾『「連動」する世界史——19世紀世界の中の日本』岩波書店、二〇一八年

ヨーロッパの国際関係と東アジアの動向との「連動」を、斬新な視点で描いた歴史学の碩学による研究。日本の動きが、世界史に深く埋め込まれていたことが理解できる。

横手慎二『日露戦争史——20世紀最初の大国間戦争』中公新書、二〇〇五年

国際的な研究成果を盛り込んだ、日露戦争についての日本語で読める最も水準の高い歴史研究。著者はロシア政治史研究の大家であり、とりわけロシア側の動きについて詳しい。

ルネ・ジロー『国際関係史　1871～1914年——ヨーロッパ外交、民族と帝国主義』渡邊啓貴、柳田陽子、濱口學、篠永宣孝訳、未來社、一九九八年

フランスにおける外交史研究の権威であり、とりわけ軍事外交史と経済社会史の動きを融合する「国際関係史」という総合的な視座から当時のヨーロッパ国際関係を描いている。日露戦争の背景にあるヨーロッパの大国の動きがよくわかる。

第4章　第一次世界大戦と日中対立の原点

奈良岡聰智

戦争の歴史的評価の難しさ

ヨーロッパでは、第二次世界大戦の原因、期間や歴史的意義について、一定のコンセンサスが存在するのに対して、東アジアでは、同大戦の歴史的評価がいまだに定まっていない。その理由は多岐にわたるが、一因は、東アジアにおける大戦勃発の経緯がヨーロッパに比べて著しく複雑であることに求められるだろう。

一九四一年十二月、太平洋戦争（大東亜戦争、アジア・太平洋戦争）が勃発したが、この戦争は、すでに一九三九年にヨーロッパで始まっていた第二次世界大戦の一環としても戦われた。日本は、一九三七年から日中戦争（支那事変、日華事変）を戦っていたが、この戦争もまた第二次世界大戦に組み込まれることになった。こうして、一九四一年十二月以降、日本は米英蘭および中国との全面戦争に入ったわけだが、開戦の原因、経緯は大変複雑であり、多様な見方があり得る。それは、この戦争の呼称がいまだに論争の的となっていることからも明らかであろう。

終戦後、東京裁判（極東国際軍事裁判）では、この戦争は一九二八年の張作霖《ちょうさくりん》爆殺事件に始まる一貫した侵略戦争であるという判断が下された。しかし、近年では一九三一年の満《まん》洲《しゅう》事変がより重視されるのが一般的であり、日本では、これ以降一九四五年の終戦までを一括《ひとくく》りにして「十五年戦争」とする見方も根強い。他方で中国では、一般に一九三七年の日中戦争勃発のほうが重視されており、「抗日八年戦争」という言い方がよくなされてきたが、同国政府は二〇一七年に、「抗日戦争」の期間を「一九三七年から四五年の八年間」から「一九三一年から四五年の一四年間」に改めるという通知を出した。このように、日中対立の経緯についても、多様な見方が存在している。ただし、いずれの見方に立つにせよ、日本と中国が一九三〇年前後から対立を深め、やがて全面戦争に突入したということは、動かすことのできない事実である。

日中対立の原点としての対華二十一ヵ条要求

それでは、日中はいつから、どのようにして対立に至ったのだろうか。この点に関しても、多様な見方が存在する。最も古くまで遡《さかのぼ》れば、日清戦争（一八九四〜九五年）に原因を求めることが可能である。この戦争で勝利した日本は、清国に多額の賠償金を課し、遼東《りょうとう》半島や台湾の割譲を約束させている（ただし、前者は三国干渉のため返還）。一九四三年に米英中が発表したカイロ宣言で、台湾など「日本国が清国人より盗取したる一切の地域」の返還が要求されていたように、連合国は、第二次世界大戦後の東アジアを、日清戦争以前の状態に戻そうと考えていた。この考え方は、一九五二年発効のサンフランシスコ講和条約で確認され、日本は日清戦争以降に獲得した植民地を全て失った。

もっとも日清戦争は、日中関係に決定的な亀裂をもたらしたわけではなかった。日本留学の一大ブームが起きたことに象徴されるように、敗戦後の清国では、国を強くするためには、むしろ日本に学ぶことが必要だという気運が生じた。日清戦後には、梁啓超《りょうけいちょう》、孫文《そんぶん》、汪兆銘《おうちょうめい》、蔣介石《しょうかいせき》など、実に多くの中国人が日本に来訪している。清国は国民国家ではなかったため、一般民衆にも戦争に敗れたという意識は稀薄《きはく》であったと考えられる。日露戦争（一九〇四〜〇五年）で日本が遼東半島と南満洲鉄道を獲得し、戦後に満洲権益を拡張していくと、日中間の対立は次第に深まっていったが、辛亥《しんがい》革命（一九一一年）の頃にも、友好的な雰囲気や活潑《かっぱつ》な人的交流は続いていた。この頃の日中関係は決して対立一辺倒ではなく、まだ多様な可能性が開かれていたと言えよう。

私は、このような関係が崩れ、日中間で対立の側面が急速に強くなるきっかけを作ったのは、一九一五年に日本が中国に提出した対華二十一ヵ条要求（以下、二十一ヵ条要求）であると考えている。二十一ヵ条要求とは、同年一月に第二次大隈重信《おおくましげのぶ》内閣が袁世凱《えんせいがい》政権に対して提出した権益拡大要求のことで、以下の五号二十一ヵ条から成っていた。

第一号　山東省内のドイツ権益の継承
第二号　日本が南満洲・東部内蒙古に持つ権益の拡大
第三号　漢冶萍公司《かんやひょうコンス》の日中共同経営
第四号　中国沿岸部の外国への不割譲（以上、要求事項）
第五号　中国政府に日本人の政治・財政・軍事顧問を置くこと、日中警察の一部合同、日本から中国への兵器供給の義務化など（希望条項）

中国側はこれに激しく抵抗したが、一部を除いて受諾することを余儀なくされた。要求を受諾した五月九日は、以後「国恥《こくち》記念日」として今日に至るまで記憶され、「反日」の原点として位置づけられている。

満洲問題――対華二十一ヵ条要求の起源

二十一ヵ条要求は、かなり広範にわたるもので、日本の中国権益を一挙に拡大しようとするものであった。なぜ日本政府は、このように強圧的な要求を突如《とつじょ》提出したのであろうか。

その背景には、満洲問題の存在があった。日本は、日露戦争での勝利によって、初めて中国大陸に植民地を獲得し、「大陸国家」となった。一九〇五年、日本はロシアとポーツマス講和条約、清国と北京《ペキン》条約を締結し、ロシアが満洲に持っていた権益(遼東半島の租借権、南満洲鉄道の経営権など)を継承した。戦争で大きな犠牲を払ったにもかかわらず、賠償金が取れなかったため、日本国民の間に不満がたまっており(講和条約締結後の日比谷焼き打ち事件はその象徴である)、その分、満洲権益に対する期待感は非常に強かった。日露戦争前までは、満洲は大国ロシアの陰にある、手の届かない危険な土地としてイメージされることが多かった。しかし、日露戦争での勝利によって、満洲は日本の勢力圏に組み込まれつつあった朝鮮半島と地続きの「特殊な関係」を持つ土地として、また日本の商工業進出や移民開拓のための土地として観念されるようになった。

実際、日露戦後、日本の満洲への進出は急速に進んだ。日本は、一九〇五年の北京条約およびその附属協定、秘密議事録を法的根拠として、南満洲の鉄道や鉱山、炭鉱の権益を拡大していった。それに伴い、日露戦前に四〇〇〇人未満だった満洲の在留日本人の数は、一九一〇年には七万六〇〇〇〇人を超えるまでに膨れ上がった。また、満洲は「一〇万の英霊、二〇億の国帑《こくど》（国の財産）」を代償に勝ち取った地として、感傷や郷愁《きょうしゅう》の対象としても見なされるようになっていった。一九一〇年に日本が韓国を併合すると、日本国内では満洲への一層の進出を求める動きが強くなった。韓国併合後、欧米や中国では、日本が満洲を「第二の朝鮮」にしようとしているのではないかという懸念がしばしば表明されるようになったが、それは決して故《ゆえ》なきことではない。

しかし、日本が獲得した中国大陸の権益は、不安定なものであった。実は満洲権益の返還期限は、遼東半島に関しては一九二三年、南満洲鉄道に関しては一九三九年に設定されており、それ以降の租借期限延長は保証されていなかった。そのため日本では、日露戦後一貫して、満洲権益の租借期限延長をいかに行うかが外交課題として意識されていた。一九一一年に辛亥革命が勃発し、翌年に中華民国が成立すると、中国ではナショナリズムが高まり、列強の持つ中国権益を回収すべきだとする論が取り沙汰《ざた》されるようになった。日本の満洲権益もその例外ではなかったため、日本国内では危機感が高まった。辛亥革命勃発後、日本では陸軍や対外硬派が干渉論を主張したが、その目的の一つとされたのは、満洲権益の維持であった。当時の第二次西園寺公望《さいおんじきんもち》内閣が、満洲の現状維持と内政不干渉を方針としていたため、中国への干渉は行われなかったが、この頃すでに満洲権益の維持に対する危機感は相当強くなっていたと見るべきであろう。

当時の日本の有力外交官のなかで、この満洲問題の解決を最も強く意識していた一人が、加藤高明《かとうたかあき》であった。加藤は、駐英大使を務めていた一九一三年一月に、イギリスのエドワード・グレイ外相と会談し、一〇年後に迫っていた満洲権益の租借期限延長に対して理解を得た。翌年に第二次大隈重信内閣の外相に就任した加藤は、満洲問題の解決を目指すことになった。加藤が二十一ヵ条要求提出にあたって最も重視していたのは、間違いなく、第二号に含まれた満洲問題の解決であった。二十一ヵ条要求とは、日露戦後の日本外交にとって最大の懸案の一つであった満洲問題を解決することこそが、そのきっかけだったのである。

第一次世界大戦の勃発と対華二十一ヵ条要求

もっとも、満洲権益の租借期限延長は日本に一方的に有利で、中国にとってはメリットが全くなかったため、これを認めさせることは大変困難であった。中国にこれを認めさせるためには、何らかの「取引材料」が必要であったが、それを突如日本に提供したのが第一次世界大戦であった。

第一次世界大戦とは、一九一四年七月二十八日のオーストリア＝ハンガリーのセルビアに対する宣戦布告をきっかけとして、八月四日にかけてドイツ、ロシア、フランス、ベルギー、イギリスが次々と参戦し、連合国側（イギリス、フランス、ロシアなど）と同盟国側（ドイツ、オーストリア＝ハンガリーなど）に分かれて、世界の主要国のほとんどが戦った大戦争である。日本は、加藤外相の強力なリーダーシップのもとで、日英同盟を理由として、八月二十三日に連合国側に立って参戦した。日本は、十月にドイツが持っていた南洋諸島を陥落させ、次いで十一月にドイツが中国の山東《さんとう》半島（膠州《こうしゅう》湾周辺）に持っていた租借地を占領した。これによって、日本はアジア・太平洋地域のドイツ勢力を一掃するとともに、戦後にドイツの権益を継承するための発言権を獲得し、参戦の所期の目的を達した。

しかし、加藤の参戦の主目的は、ドイツ勢力の一掃やドイツが持つ権益の獲得ではなかった。その最大の狙いは、ドイツから獲得した山東半島の返還を取引材料として、中国からより大きな利益を得ることにあった。より大きな利益とは、すなわち満洲問題の解決である。もし日本がドイツから奪わなければ、ドイツは一八九八年締結の膠州湾租借条約により、膠州湾周辺を九九ヵ年（すなわち一九九七年まで）租借できることになっていた。加藤は、これを一定の条件のもとで返還するという「好意」を中国側に示すことによって、日本の満洲権益の租借期限延長を中国側に迫ろうと考えた。すなわち、山東問題を取引材料として、満洲問題を解決しようとして出されたのが、二十一ヵ条要求だったのである。

もし加藤が、満洲問題（第二号）と山東問題（第一号）に絞って日中交渉を行っていれば、妥結はそれほど困難ではなかったかもしれない。実際、欧米列強は二十一ヵ条要求が提出された後、第一号から第四号までの内容を内示された際、反対は表明していない。中国側の反《はん》撥《ぱつ》・抵抗は不可避だったであろうが、最終的に中国は、日本の第五号を削除した最後通牒《つうちょう》(すなわち第一号から第四号の主要部分の受諾を求めたもの)を受諾しており、事態を紛糾《ふんきゅう》させない形で、外交交渉によって満洲問題を解決することは、必ずしも不可能ではなかったように思われる。

ところが、現実の二十一ヵ条要求をめぐる外交交渉は、非常に紛糾した。紛糾した理由は、第一に日本の世論の沸騰《ふっとう》、第二に加藤の外交指導の拙劣さ、第三に中国側の巧みな抵抗にあった。

日本では、第一次世界大戦の勃発直後から、ヨーロッパ列強が中国問題に関与する余裕を失っている今こそが、中国での権益拡張の好機だという世論が盛り上がり、大隈内閣にプレッシャーをかけた。加藤や外務省がこうした国内各方面の「権益拡張熱」を抑えることができなかったため、要求には満洲問題、山東問題のみならず、当時のさまざまな懸案が盛り込まれることになり、最終的には二十一ヵ条にまで膨れ上がった。結果的に、二十一ヵ条要求は、日露戦後の日中間の問題を網羅したリストになった感さえある。このように過大な要求を中国に突きつけたことが、外交交渉が紛糾した根本原因であった。

中国では、日本の参戦前後から、山東権益の中国への返還を当然視する世論が盛り上がり、袁世凱政権はそのような声を背景として、一貫して強硬な姿勢で日本との外交交渉に臨んだ。袁世凱政権は、交渉に関する情報を国内外に巧みにリークすることによって、中国国内の反日世論を醸成し、欧米列強の対日警戒感を高めることにも成功した。二十一ヵ条要求という呼称は、中国側で「反日」の気運を高めるために使われ始め、やがて世界的に定着していったものである。

他方で日本は、交渉方針に明確さ、一貫性を欠き、交渉や世論操作で後手に回ることが多かった。世論が沸騰するなかで、三月に総選挙があったため、加藤は容易に譲歩できない状況となった。また、欧米列強に対して当初第五号を秘匿《ひとく》したため、アメリカやイギリスが態度を硬化させたことも大きく影響した。日本は、五月に入って第五号を削除した上で、最後通牒を発し、二十一ヵ条要求のうち第一号から第四号までの主要部分を中国に認めさせることに成功した。所期の目的をかろうじて達成したわけであるが、中国側の激しい反日運動を招き、欧米の対日不信感を増すという大きな代償も払うことになった。

こうして、二十一ヵ条要求を契機として、中国の対日イメージは一気に悪化してしまった。中国には、イギリス、フランス、ロシアも多くの権益を持っていたが、二十一ヵ条要求の提出によって、日本が新国家建設を妨げる「単独敵」として浮上することになった。中国国内では大規模な対日ボイコットが発生し、日本にいた中国人留学生も、多くが帰国した。このように大規模かつ組織的な反日運動が盛り上がったのは初めてのことであった。二十一ヵ条要求は、まさにその後の日中対立の原点になったのである（詳細は、奈良岡〔二〇一五〕を参照）。

対華二十一ヵ条要求をどのように見るか

二十一ヵ条要求は、帝国主義のもとでは普通に行われていた類の外交であり、何ら問題はないという見方もある。例えば、田母神俊雄《たもがみとしお》（元航空幕僚長）は、「これを日本の中国侵略の始まりとか言う人がいるが、この要求が、列強の植民地支配が一般的な当時の国際常識に照らして、それほどおかしなものとは思わない」としている（「日本は侵略国家であったのか」二〇〇八年、「真の近現代史観」懸賞論文）。

たしかに、第一次世界大戦中、欧米列強も旧来の帝国主義外交を繰り広げていた。イギリスやフランスによる旧オスマン帝国領の分割が、現在の中東問題の起源となっていることはよく知られている。イタリアは「未回収のイタリア」の回復のために三国同盟を離脱し、連合国側から権益獲得の保証を得た上で、参戦している。アメリカも、大戦中にメキシコ、ハイチ、ドミニカに武力干渉を行い、ニカラグアを保護国化している。こうした欧米列強の行動と比べて、日本の二十一ヵ条要求が突出していたとまでは言えないであろう。
もっとも、二十一ヵ条要求が当時の帝国主義外交のもとでも是認され得ない内容を含んでいたことも重要である。日本が要求提出直後に欧米列強に第一号から第四号までを内示した際、どの国も特に問題視はしなかった。しかし、その後、それ以外に第五号が存在することが分かると、欧米列強は強い反撥を示した。それは、第五号の諸要求が、列強の既得権に抵触するのみならず、中国への内政干渉的な内容を含み、「領土保全」「機会均等」「門戸開放」といった、それまで日本を含む列強間で確認されてきた中国に関する原則に反すると考えられたからである。

一九一一年に改訂された日英同盟では、同盟の目的として「清帝国の独立及領土保全竝《ならびに》清国に於ける列国の商工業に対する機会均等主義を確実にし、以て清国に於ける列国の共通利益を維持すること」が掲げられており、第五号がこれに反すると見たイギリスは、要求の再考を強く迫った。フランスからも、第五号に対する強い懸念の声があがった。アメリカの態度は、より強硬であった。アメリカは、二十一ヵ条要求が、清国における「商工業の機会均等主義」「列国の共通利益の保存」などを定めた高平《たかひら》・ルート協定（一九〇八年）に反するとして、交渉妥結後には、ブライアン国務長官の名前で覚書を発表し、交渉の結果全体を否認する姿勢を取った。普遍的価値観を強調し、道徳的高みから中国を擁護しようとする（そのためしばしば「宣教師外交」と称される）アメリカの態度はやや異例だとしても、二十一ヵ条要求は、イギリスをはじめとするヨーロッパ列強からも「やり過ぎ」と見なされた。欧米の強い対日不信を招いたという点で、二十一ヵ条要求が日本外交に禍根《かこん》を残したのは間違いない。

一方、中国との関係はどのように考えたらよいであろうか。一般に中国では、二十一ヵ条要求は「日本による中国侵略の起点」だと捉《とら》えられている。それゆえ、袁世凱は日本の圧力に屈した「漢奸《かんかん》（売国奴）」とされ、その外交に対する評価は極めて低い。

袁世凱が最終的に要求の主要部分を受諾していることを考えると、このような評価がなされるのもやむを得ないところではある。しかし、交渉過程を仔細《しさい》に検討すれば、袁世凱政権の外交交渉はなかなか巧みであったと見るべきである。交渉をできるだけ引き延ばし、情報を国内外のメディアに流して反日世論を煽《あお》り、欧米列強に日本を牽制《けんせい》させる。このような袁世凱政権の交渉方針が、日本の譲歩（第五号の削除）を引き出したのである（袁世凱外交の評価については、川島編〔二〇一四〕も参照）。

袁世凱政権は、軍事力で劣っていたため、最後は屈するほかなかったが、持てる力を振り絞って日本に抵抗した。その程度の譲歩では満足しないほど、中国ナショナリズムは昂揚《こうよう》しており、そのエネルギーは、第一次世界大戦後の五・四運動（一九一九年）で再び爆発した。

しかし、日本が満洲権益を一方的に拡大してきたそれまでの歴史を考えると、二十一ヵ条要求は、中国が反転攻勢を始める出発点になったと見ることも十分に可能である。日本は、満洲問題を解決するのみならず、その他の新規権益をも獲得することによって、短期的には利益を得たが、中国人からの信頼を失うという大きな代償を払うことになった。二十一ヵ条要求は、日中の友好や提携の可能性を狭めたと言わざるを得ないだろう。

日中対立は避けられなかったのか

しかしながら、二十一ヵ条要求以降も、日中対立が不可避になったわけでは決してない。日本は、一九二〇年代にかけて、段祺瑞《だんきずい》、張作霖など軍閥政権の指導者とは一定の良好な関係を築いたし、孫文、蔣介石ら革命派との意思疎通のルートも引き続き維持された（ちなみに孫文は、袁世凱政権打倒という観点から、二十一ヵ条要求には必ずしも否定的ではなかったと考えられている）。第一次世界大戦後、原敬《はらたかし》内閣は欧米との協調外交を再建し、中国とも、内政不干渉、通商関係重視を基軸とする新しい関係を構築しようとした。二十一ヵ条要求の当事者であった加藤高明も、自らの失政を痛切に反省し、首相時代（一九二四〜二六年）には手堅い国際協調外交（幣原《しではら》外交）を推進した。一九二〇年代の日中関係には、まだ復原力が残っており、友好関係の回復がさまざまな形で模索されたのである。

そのような試みが挫折し、日本が中国との対立を深めていった背景として、日本人の間に「中国は日本の意のままになる客体である」というような誤った中国観が広く流布しており、中国大陸での権益拡張を求める強力な世論が存在していたことを指摘しておきたい。

二十一ヵ条要求が、国内各方面からの「権益拡張熱」を背景に膨れ上がったものであることは、前述した。要求提出後も日本の世論は極めて強硬で、政界、軍、実業界、メディアなどいずれにおいても、要求貫徹を主張する声が大勢であった。二十一ヵ条要求をめぐる外交交渉を冷静に観察していたのはごく少数であり、世論は沸騰していた。「アジア・モンロー主義」（アメリカのモンロー主義に倣《なら》って、アジアのことは日本が決定すべきだという考え）という言葉が当時よく使われていたのは、そのよい例である。

第一次世界大戦後、こうした対中強硬論はしばらくなりをひそめたが、一九二〇年代後半以降、山東出兵、張作霖爆殺事件、満洲事変に際して、再び盛り上がるようになっていった。その後、日本では、軍や政治家の一部が中国大陸での権益拡張を声高に叫び、メディアや世論がそれに追随し、政府がそれに引きずられるというパターンが繰り返されていくことになるが、それは、二十一ヵ条要求の際の政治決定過程の再来と見ることもできる。二十一ヵ条要求は、日本政府が世論に引きずられながら、中国大陸への進出に走った嚆矢《こうし》となる事例なのであり、この経験から学ぶべき教訓は、非常に大きいと言えるだろう。

【さらに詳しく知るために】

奈良岡聰智『対華二十一ヵ条要求とは何だったのか――第一次世界大戦と日中対立の原点』名古屋大学出版会、二〇一五年

二十一ヵ条要求について、提出の背景や意図、世論や列強の動向、国内政治の影響といった観点から分析した研究書。

山室信一、岡田暁生、小関隆、藤原辰史編『現代の起点 第一次世界大戦1　世界戦争』岩波書店、二〇一四年

第一次世界大戦と東アジアの関わりについて、グローバルな視点から考察したさまざまな論考を所収。

川島真編『歴史のなかの日本政治3　近代中国をめぐる国際政治』中央公論新社、二〇一四年

中国側の二十一ヵ条要求への対応を明らかにした川島真氏の論考「二十一箇条要求と日中関係・再考――中国側の対応を中心に」を所収。

＊「「日中対立の原点」としての対華二十一ヵ条要求」(『中央公論』二〇一五年九月号)を加筆・修正。

第5章　近代日中関係の変容期
——一九一〇年代から一九三〇年代

川島　真

一　日中関係のパワーバランスの転換

「平等」から不平等へ

近代の日中関係は一般に一八七一年の日清修好条規から描き起こされる。この条約は相互に限定的な領事裁判権を認めた平等条約と言われる。だが、交渉過程の議論を見ても、また両国の文書往来を漢文でおこなう（日本語仕様の場合は漢文訳が必要）ことを定めた第六条を見ても、清《しん》が優勢であったといえる（岡本隆司、川島真編『中国近代外交の胎動』東京大学出版会、二〇〇九年）。

老大国であった清朝と、明治維新を経た新興の日本が東アジアで対峙《たいじ》し、日本が日清戦争で勝利する、という陸奥宗光《むつむねみつ》の『蹇蹇録《けんけんろく》』にあるような観点は、間違いとは言えないまでも、複雑な十九世紀後半の日中関係を説明しえてはいないだろう。一八八〇年代前半には清が朝鮮半島に袁世凱《えんせいがい》を派遣して常駐させ、また壬午《じんご》事変や甲申《こうしん》事変などを通じて、軍事的にも清が優勢となった。清は朝鮮との冊封《さくほう》関係を維持しつつ、朝鮮への支配を強化した。また、一八八〇年代半ばから後半にかけて清は欧州から大型艦を購入して北洋海軍を増強し、一八八六年からは山東《さんとう》半島や遼東《りょうとう》半島の海軍基地から朝鮮半島の東側の日本海に巡航させた。清は単に衰えていく老大国ではなかったのである。

だが、日清戦争で日本は清に勝利した。その勝利の原因は、装備とも訓練とも言われる。一八九五年の下関《しものせき》条約で日本は台湾を植民地化し、二億両の賠償を得ただけでなく、清で列強と同じ地位を得ることになった。つまり、日本は清で片務的治外法権と最恵国待遇を獲得、そして清は日本に対しても関税自主権を喪失したのである。だが、これがただちに日清間のパワーバランスを変えたわけではないし、関係の悪化を意味したのでもない。戊戌《ぼじゅつ》変法などでも、清の知識人はむしろ日本に学ぶという姿勢を示したのである。

義和団事件と列強協調

一九〇〇年の義和団《ぎわだん》事件に際して、清は形式的には国内措置として列強に宣戦布告したが、八カ国連合軍が清に勝利し、北京議定書（辛丑《しんちゅう》和約）が締結された。この議定書は清に四億五〇〇〇万両の賠償を課すこと（団匪《だんぴ》賠償金）、沿岸部から北京《ペキン》までの地域や公使館区域の駐兵権を列強が得ること、また清が外交機関としての外務部を設けることなどを定めていた。この条約の背景には、列強による清の保全と門戸開放、そして清の近代国家建設の支持、さらに借款《しゃっかん》を貸し付ける列強諸国間の協調などがあり、一八五八年の天津《テンシン》条約以来の包括的な清と列強との間の条約だった。日本は北京議定書に加わることで、中国における列強間関係に本格的に組み込まれた。

他方、清は光緒《こうちょ》新政の名の下に、列強の支持の下に近代国家建設をおこなうことになった。近代的な法制度、学校制度、軍制度（主に陸軍）などが導入された。一九〇五年には科挙が廃止され、新たな学制に基づく学歴が官吏登用の条件となった。そのために、最も安価で簡便に学位が取れる日本の大学に多くの清の若者が集まった。彼らは日本から（日本そのものというより）「西洋」の法や国家の制度を学んだ。それでも、日本での経験が彼らの近代国家体験となった。

中国ナショナリズムの形成

日清戦争の後、列強が中国の沿岸部に租借地を得て海軍基地を建設し、そこを拠点に勢力範囲を設定した。それにより、中国の知識人は列強による中国分割という危機感を抱き、それが社会進化論とも相まって、救国意識が急速に高まった。また、二十世紀の最初の一〇年間は、それまで満洲《まんしゅう》、モンゴル、チベット、新疆《しんきょう》（一八八〇年代に新疆省設置）、そして省のある漢民族を主たる居住者とする地域に分けられていた清の統治が次第に一元化し、「中国」という姿が見え始める時期であった。清は、その空間において急速に近代国家建設をおこない、以前よりも社会のなかに統治を及ぼそうとした。しかし、多くの賠償を負った清は財政面で問題を抱えていたので、財政負担を社会に転嫁しつつ、あるいは対外借款に頼った近代国家建設を進めるしかなかった。このような近代国家建設上の制約が辛亥《しんがい》革命の一つの原因となった。

また、二十世紀初頭の時期は「中国」や「中国人」意識が育まれた時期としても知られる。アメリカ移民法問題、日本での人類館事件（一九〇三年、大阪で勧業博覧会が開かれた際、「学術人物館」と称する見世物小屋でアイヌ人、朝鮮人、琉球人が陳列され、問題となった事件）、ロシアの満洲占領継続に対する拒俄《きょが》運動（一九〇三年）など、いくつかの事件を通じて中国ナショナリズムが表出したとされている。かつて、イギリスやフランスは確かに第二次アヘン戦争（アロー戦争）に際して北京に攻め込み、離宮の円明園《えんめいえん》を破壊したし、首都での略奪もおこなった。その際に大きな反応がなかったのに、これ以後には都市住民や留学生が外交案件に反撥《はんぱつ》するようにもなった（吉澤誠一郎『愛国主義の創成――ナショナリズムから近代中国をみる』岩波書店、二〇〇三年）。だが、それと同時に世界を「列国並立」と捉《とら》え、清を世界の一国と位置付ける相対的視点も広がった（川島真『中国近代外交の形成』名古屋大学出版会、二〇〇四年）。

日露戦争と南満洲利権

義和団戦争後もロシアが満洲から撤兵せず、撤兵交渉が進められてもロシアは完全に撤兵しなかった。そのため中国社会からの反撥だけでなく、対清協調を旨とする列強からも批判が強まった。日本史のコンテキストでは、三国干渉や臥薪嘗胆《がしんしょうたん》が日露戦争の背景とされるが、中国史的には、ロシアが清に対する列強間協調を崩し、日英同盟が結ばれてもそれが続いたことが戦争の一因となったとみなされる。清に対する列強間協調を最初に乱したのはロシアであった、ということであろう。

日露戦争に際して清は中立であったが、当初清の人々は日本寄りだったとされる。ロシアの満洲占領問題に対抗する日本は、清から見れば「味方」に見えたのである。実際、戦争終了後に多くの清の官僚らに日本政府から勲章が贈られている。しかし、清では日本が結局ロシアに代わって南満洲利権を獲得することがわかると、日本への反撥が生じることになった。日露戦争の結果、日本は多くの犠牲を払いながら賠償金を得られずに南満洲利権を得た。だが、この利権は旅順《りょじゅん》・大連《だいれん》を含む関東州の租借地の租借期限が一八九八年から二五年間とされ、鉄道利権も含めて期限付きの利権が多かった。以後、日本はこの南満洲利権を延長し確固たるものにすることを求め、それが日中、ひいては日本と列強との対立の原因となった。

日露戦争前後、列強は中国における利権を相互に承認し合う協商関係を強化した。これは中国をめぐる列強間協調の強化であったが、中国から見れば条約改正、国権回収をいっそう困難にするものであった。

辛亥革命前後の状況

一九一一年十月十日、湖北《こほく》省の武昌《ぶしょう》で辛亥革命が始まった。以後、清が滅亡し、中華民国が成立していくプロセスが、一九一三年に諸国が中華民国政府を承認するまで続いた。清朝は鉄道国有化政策推進に際して外債に頼り、また外国に経営などを委ねようとし、さらに買取価格も低かったので、もともと地域社会で鉄道建設のために資金を提供していた実力者層から強い反撥を受けた。そして、四川《しせん》省で鉄道国有化反対運動が起き、その鎮圧に湖北省の軍隊が向かうと、その間隙《かんげき》に湖北省で「革命」が生じて、湖北省は清朝に対する「独立」を宣言した。以後、長江流域以南の各省の独立が相次いで、省代表が政府を組織した。それが、一九一二年一月一日に孫文《そんぶん》を臨時大総統として南京《ナンキン》で建国された中華民国である。だが、この時点では北京の清朝は存続しており、南北両政府が対峙した。両者間を斡旋《あっせん》したのがイギリスだった。

日本は日英同盟があったものの、日清・日露戦争での勝利を経て一等国意識をもち、イギリスの意向に従うわけでもなく、単独で中国情勢に関わろうとする向きもあった。だがイギリスもまた日本との十分な調整なしに南北両政府間の調整をおこなった。

南北協議の結果、清朝は滅亡したが、宣統帝《せんとうてい》は引き続き紫禁城に居住し、袁世凱が北京の清朝の官僚や軍隊を基礎にした政府を樹立した（中華民国北京政府）。この政府は、清が締結した諸条約を継承した。中華民国は一面で清朝の否定の上に成立した、皇帝制度を否定する共和制国家だったという点で「革命」性があったが、一面で清朝の基盤を継承した国家だった点では「禅譲《ぜんじょう》」的な側面があった。日本はこの新たな国家と一九一三年秋に外交関係を結んだ。それは袁世凱が正式に大総統に選出されたタイミングでおこなわれた。列強は引き続き協調して、「ストロングマン」といわれた袁世凱を支持したのだった。

二　二十一ヵ条要求という転換点

第一次世界大戦と中国

袁世凱は、議会主導の共和制国家の制度を骨抜きにして権力強化を図ったが、最初に直面した国際上の問題は第一次世界大戦であった。中国国内には、ドイツ軍も、イギリス軍、日本軍もいたために、国内が戦場化する恐れがあり、また中国自身が列強と戦うだけの軍事力を有していなかったので、中立を宣言した。だが、参戦した日本は中立国中国と協議の上、イギリス軍とともにドイツの膠州湾《こうしゅう》にあった基地を攻撃し、山東半島を占領した。日本は、ドイツ利権を中国に返還することを大義名分としたが、以後、一九二二年まで山東の統治を継続した。この第一次世界大戦は、日中関係、また中国をめぐる列強間関係に新たな転機を与えることになった。その一つの契機は一九一五年一月十八日におこなわれた二十一ヵ条要求であった。

二十一カ条要求とは何か

二十一ヵ条要求とは、日本が中華民国北京政府の袁世凱大総統に提起した二一の要求のこであった。その時の日本の総理大臣は大隈重信《おおくましげのぶ》、外務大臣は加藤高明《かとうたかあき》、駐華公使は日置益《ひおきえき》であった。この二十一ヵ条要求は、第一次世界大戦時に欧州列強がアジアを顧みる余裕がない時機を利用した日本の対中侵略、また自らが皇帝となるべく日本の支持をとりつけるために、日本政府に妥協してこれらの要求を受け入れた、袁世凱政権の売国性を示すものとして、中国の近代史に深く刻まれている（唐啓華『被〝廃除不平等條約〟遮蔽的北洋修約史 1912-1928』社会科学文献出版社、二〇一〇年）。日本では、とりわけ後述の第五号の取り扱いなどから、日本外交の一つの失敗例とも言われる（奈良岡聰智『対華二十一ヵ条要求とは何だったのか――第一次世界大戦と日中対立の原点』名古屋大学出版会、二〇一五年）。

二十一ヵ条要求と言われるこの要求は、二一の要求が一号から五号に分類されていた。第一号には日本が占領した山東半島のドイツ利権の日本による継承、第二号には日露戦争で日本が得た南満洲利権につき、それを東蒙古にも拡大した上で期間を延長すること、そして第三号は漢冶萍公司《かんやひょうコンス》関連、第四号は中国の領土保全であった。加藤高明外相はこの第一号から第四号までの内容を列強に事前通告していたが、第五号は列強に事前通告していなかった。第五号には、日中共同警察の創設や中国中央政府の政治、財政、軍事顧問の日本人の雇用などが含まれていた。

この一九一五年一月十八日段階での日本の二一の要求は、五号が省かれるなどして、同年四月二十六日に日本が提起した二十四条の修正案となり、それについて五月七日に日本が最後通牒《つうちょう》を発し、五月九日に袁世凱政府が受諾した。そして、この二十四条を基礎にして、同年五月二十五日に二条約、十三交換公文（中国史では民四条約とされる。民四は民国四年＝一九一五年ということ）が結ばれた。

二十一カ条要求はなぜ転換点なのか

二十一ヵ条要求は、日露戦後の日本の中国に対する優位意識、一等国になったという意識、あるいは日英同盟に拘束されない対中政策の展開などといった、日本の対中観、姿勢が表れたものだったと言えるだろう。つまり、第一次世界大戦中で欧州諸国が東アジアを顧みる余裕がないときに、日英同盟を理由にドイツに参戦し、山東利権の中国への返還を名義に山東半島を占領した上で、それを中国にそのまま返還することはせずに、むしろその返還を条件として日露戦争で得た南満洲の諸利権の期間（たとえば旅順・大連を含む関東州の租借地の権利＝二五年期限、一九二三年に中国へ返還する義務あり）の延長、さらには山東利権の継承をも、中立国である中国に求めたわけである。

さらに加えて、列強に事前通告しなかった第五号の諸条項があった。日本の行動は列強間協調を乱す行為と認識された。一九二一年から二二年にかけて開かれたワシントン会議で、中国を含めて列強間協調をあらためて確認することになったのもそのためであろう。そのため、この第五号部分がもしなければ、この二十一ヵ条要求はさほど大きな問題にならなかったのではないかと、日本外交史研究で指摘される。だが、二十一ヵ条要求が日中二国間関係に残した爪痕《つめあと》は大きく、中国では以後「親日」はタブーとなったし、中国をめぐる列強間の関係の面でも日本が問題視されるようになったのである。

なお、日本が第五号を提起した理由については、交換条件であるとか、実際の要求だったとか、あるいはその双方だったとか、さまざまな説がある。だが、当時の中国の外交担当者、特に日本留学経験者の曹汝霖《そうじょりん》らは日本外交がしばしば用いる交換条件だと喝破し、第五号については一切交渉に応じないという構えであったし、実際に交渉には応じなかった。そのため一九一五年五月九日に袁世凱大総統が受諾した二十四条に、この第五号の内容は含まれていなかった。

袁世凱外交をめぐる問題

二十一ヵ条要求に臨む中国政府の交渉方針は、第五号は交渉しないということ以外に、第一号と第二号、つまり山東半島のドイツ利権と南満洲の利権、とりわけ第二号こそ日本の要求の核心とし、受諾やむなしとしていた。当時の中国には日本軍に抵抗する軍事力がなく、欧州大戦後に中立国として講和条約に臨み、利権を取り戻そうとしていた。また南満洲の利権についても、戦後にこれを列強に訴えて、もとの条約通りにすることも想定されていた。中華民国の交渉方針、実際の交渉ともに、周到で、当時の国力や国際環境に適《かな》ったものだった。

実のところ、二十一ヵ条要求をめぐる交渉過程研究はこれまで十分におこなわれているわけではなく、日本の学界での議論は当時のアメリカ駐華公使ラインシュの回想録の影響を強く受け、あたかも当時の袁世凱政府がアメリカの影響下で対日交渉を進めていたように捉えられていたが、中国の外交文書にはそのようなことを示す記載はほとんど見られない。

他方、中国の学界では、袁世凱政権の対日外交を売国外交だとする評価が先行し、二十一ヵ条要求はまさに袁世凱外交の売国性を示すものとして描かれてしまったのである。だが、同時代の外交評論や一九三〇年代初頭に描かれた日中関係史の著作（たとえば王芸生『六十年来中国与《と》日本』大公報社、一九三二～三四年など）では袁世凱政権の二十一ヵ条要求をめぐる外交は、比較的肯定的に描かれていた。のちに国民党や共産党が袁世凱を批判するなかで、その二十一ヵ条をめぐる外交も批判されていったのである。

中国の第一次世界大戦参戦

二十一ヵ条要求にともない中国では日本への反撥が強まった。他方、日本の山東占領前後から日中間で教科書問題が発生し、日本政府が中国政府に中国の教科書が反日的だなどと抗議したりもした。日本製品の不買運動（排日ボイコット）もこの時期には都市部を中心に展開されたのだった。

もちろん、悪化した日中関係について、日本側が改善しようとしなかったのではない。帝制復活を模索した袁世凱が一九一六年に他界すると、黎元洪《れいげんこう》大総統と段祺瑞《だんきずい》国務総理がその政権を継承した。日本が接近したのは軍関係全般を袁世凱から継承した段祺瑞である。日本は段に多額の借款《しゃっかん》を供与し関係の改善を図ろうとした。中国政府への政府借款は列強が協調しておこなっていたから、日本としてはあくまでも民間人がおこなう貸付として処理しなければならなかった。それが西原亀三《にしはらかめぞう》名義でおこなわれた西原借款である。この西原借款によって、確かに段祺瑞は自らの基盤を強化することに成功したし、段祺瑞の配下の徐樹錚《じょじゅそう》らが外蒙古を再占領し、一部の軍隊がシベリア出兵にも参加した。

一九一七年は中華民国にとって決断の年になった。八月十四日にドイツ、オーストリアに宣戦し、第一次世界大戦に協商国の一つとして参戦したのである。中華民国はすでにドイツに抗議し、断交などをおこなっていたが、参戦するかについては国内で論争があった。参戦しても軍隊を欧州などの戦場に送れるわけではなく、もし戦争に巻き込まれれば中国がまた戦場になったり、侵略されたりする懸念もあったからである。

一九一七年の前半には、参戦に慎重な黎元洪大総統と参戦積極派の段祺瑞国務総理が争いを繰り返し、最終的に段祺瑞総理が優勢となり、馮国璋《ふうこくしょう》が大総統となった。国際社会も特にアメリカは中国の参戦を望み、日本も次第に中国の参戦を支持するようになっていた。参戦を望む段祺瑞としては、参戦により日本などから多くの借款を得て自らの地盤を強化したいということもあったが、北京政府としても参戦にはいくつかの利点があった。

第一に、参戦によってドイツやオーストリアとの不平等条約を改正できる可能性。第二に、戦争終了後に開かれる講和会議に戦勝国として参加し、二十一ヵ条問題や日本が占領した山東半島の奪還を目指せるということ。第三に、大戦終了後に国際連盟に原加盟国として参加できるという利点。これは、国際的地位の向上の上では重要なことであった。第四に、これこそ北京政府にとっては喫緊《きっきん》の問題であったが、少なくとも、宣戦すれば義和団賠償金の支払いで最も多くを支払わねばならないドイツへの支払いが停止できることがあった。日本やイギリスなどの列強も、中国が宣戦すれば一九一七年十二月からの五年間、義和団賠償金の支払いを猶予《ゆうよ》する、としていた。中国は参戦することで義和団賠償金返済という財政負担を暫時免除され、そしてまた新たな借款を得られるかもしれない、という期待があったのである。

参戦の果実と試練

参戦により中国は戦勝国となった。アヘン戦争以来、列強に対する最初の勝利といってもいい。また、これにより中国は国際連盟の原加盟国としての参加が可能となった。だが、ドイツの山東利権の返還、また南満洲利権延長を含む二十一ヵ条関連の諸条約、交換公文の撤回などについてはなかなか目処《めど》が立たなかった。

一九一九年のパリ講和会議に全権代表団を派遣した中国だったが、この講和会議が近づくにつれて、国内での反日運動も高まりを見せていった。また、アメリカ大統領ウィルソンの民族自決主義の影響もあって、パリ講和会議や国際連盟で「公理」「公道」、つまり不平等条約や列強の強権的な行為が是正される、あるべき秩序が実現されるのではないか、との期待があった。

しかし、実際には英仏と日本が相互に利権の調整をおこない、当初中国への支援を約していたウィルソン大統領もそれが叶《かな》わなくなった。中華民国代表団はなんら成果を得られない可能性が出てきたのである。そうしたなかで一九一九年五月四日に北京で生じたのが五四運動である。なぜ、戦勝国の中国が敗戦国ドイツの在華利権を取り戻せないのか、という根本的な問いは、非常にわかりやすいものであった。だが、運動を起こした学生たちが中国政府の対日交渉担当者を個々に襲ったように、この時期にはすでに袁世凱政権や黎元洪／馮国璋・段祺瑞政権が日本に対して売国的な外交をしていたのではないか、という疑いが学生たちにはあった。確かに、中国外交部のなかでも、一九一〇年代を通じて日本語を話す日本留学組、すなわちジャパンスクールは次第に居場所を失っていった。

パリ講和会議に参加していた代表団の中心的な存在の多くはアメリカ留学者であった。顧《こ》維鈞《いきん》、施肇基《しちょうき》、王正廷《おうせいてい》などがそうである。団長の陸徴祥《りくちょうしょう》は清朝以来の官僚であった。

彼らは、ドイツとの講和条約であるヴェルサイユ条約に、山東利権がドイツから日本に引き渡されるという内容があるとわかると、その部分だけを保留して調印する方法などを検討した。彼らが問題視していたのは、ヴェルサイユ条約第一条の内容、すなわちこの条約の調印国が国際連盟の原加盟国になるという点だった。ヴェルサイユ条約に調印しないと国際連盟に加盟できない、というのが現場の外交官たちの問題だった。これに対して、五四運動に直面した北京政府は、むしろ山東条項がその条約案に含まれ、山東利権が日本に渡るとしても、最後は調印するように指示していた。しかし、パリの代表団たちはオーストリアとのサン・ジェルマン条約の第一条にも同じ国際連盟の原加盟国となれるという条項があるのを見つけ、サン・ジェルマン条約の調印国として国際連盟の加盟国となれることを確認して、ヴエルサイユ条約の不調印を決定したのだった。

なお、中国とドイツは一九二一年に単独講和を締結した。ドイツの租界や中国国内のドイツの公的資産も中国に回収され、もちろん義和団賠償金の支払いも終了した。ドイツは中国との間で平等な関係を築いたのである。

他方、中国がヴェルサイユ条約に調印しなかった結果、山東省のドイツ利権は日本が中国を経由せずに継承した。だが、これは中国内部の日本への反撥を強めることになった。日本はこの時期、原敬《はらたかし》から幣原喜重郎《しではらきじゅうろう》に引き継がれる協調外交を展開し、中国に対して武力を用いず、他方で対華文化事業などを展開して国民感情の融和に努めようとしたのだが、その試みが十分な効果をもたらすことはなかったのである。日本史の観点では、第一次世界大戦後、日本は世界的潮流である戦争回避（不戦）や反植民地主義を受け入れ、中国をめぐる国際政治でも協調を回復したとされるが、中国では日本の対中侵略は経済面や文化面を中心に継続していた、などと見られることが多い。

日中関係を理解するに際して、中国をめぐる列強間関係と、日中の二国間関係を腑分《ふわ》けする必要がある。列強間では協調していても、日中二国間は関係が改善されていたとは言いがたい状況になったのである。確かに、後述の九ヵ国条約を経て、一九二三年前半に排日運動がほぼ収束し、同年九月の関東大震災に際しては中国での日本支援の動きが強まるが、結局、東京およびその近郊での王希天《おうきてん》や中国人労働者の虐殺事件が露見したし、日中関係が二十一カ条要求以前に戻ることはなかったのである。

三　中国から見たワシントン体制とその問題

九カ国条約と中国

第一次世界大戦中に乱れた列強間の協調、また日英同盟の存続問題、さらに海軍軍縮問題などを議論するために、一九二一年から二二年にかけてワシントン会議が開かれた。ここで九カ国条約が締結されて中国をめぐる列強間協調が回復され、また海軍軍縮の面でも日米英間の協調関係が制度化された。この協調体制はワシントン体制と呼ばれる。入江昭《いりえあきら》が提起したように、この枠組みは、逆にこの枠組みが崩れたときに日本が戦争に向かうということを説明するために用意された議論だという側面がある（Akira Irie, *After Imperialism: The Search for a New Order in the Far East, 1921-1931*, Harvard University Press, 1965）。中国に関する九カ国条約は、中国をめぐる列強間協調や中国保全をあらためて規定したもので、一八五八年の天津条約、一九〇一年の北京議定書につぐ包括的な条約だった。

重要なのは、この条約に中国は敗戦国として加わったのではない、ということである。中国はワシントン会議において条約改正などに道筋をつける一〇原則を提示し、その一部が条約にも反映された。しかし、中国をめぐる列強間の協調の回復の意義が強調されるのに対して、中華民国北京政府はこの条約によって体制保障されたわけではないし、条約改正への道筋を立てられたわけでも必ずしもない。

当時、中国政府は新たな財政問題に直面しようとしていた。一九二二年十二月に、第一次世界大戦参戦によって支払いが猶予されていた義和団賠償金の支払いが再開されれば、中華民国政府の財政が危機的状況に陥ることは明白だった。しかし、北京政府自身も、また中国の保全を唱える列強もその財政破綻《はたん》を救え／わなかった。

一方、ワシントンでの会議は中国に具体的な恩恵ももたらした。ワシントン会議の一部としてではないが、日中間で山東懸案解決の条約が締結され、一九一五年の二十一ヵ条要求以来の山東懸案は一応解決され、租借地などは中国に返還されたのである。

ワシントン体制と中国

たとえば中国の学会でワシントン体制と中国外交との関係性を論じる場合、難しいのはワシントン体制論が日英米協調以外の何を説明しうるのか、という点だ。一九二〇年代の中国は、まさに九ヵ国条約に調印した北京政府が衰退し、一九二四年に広州《こうしゅう》で第一回党大会を開催した国民党（一九二五年に国民政府樹立）が擡頭《たいとう》して北伐をおこない、いわゆる国民革命の結果、南京国民政府が成立する時期である。

孫文らは一九一七年に広州に軍政府を開き、中華民国の中央政府だと主張した。だが、この広州の政府（一般に広東《カントン》政府などという）はワシントン体制とは直接的な関わりがない。また、国民党を支援し、また満洲の張作霖《ちょうさくりん》政権とも深い関わりをもち、一九二四年に北京政府とも協定を締結したソ連も、ワシントン体制の枠外の存在である（酒井哲哉『大正デモクラシー体制の崩壊――内政と外交』東京大学出版会、一九九二年）。そして、一九二一年に中国と平等な関係となったドイツも同様にワシントン体制外の存在だ。

一九二八年に北京政府が滅亡した際、同政府の首班だった張作霖は鉄道で奉天《ほうてん》に逃れたが関東軍に爆殺された。張作霖の死後、その地盤を継承した張学良《ちょうがくりょう》は同年末には南京国民政府に従った（易幟《えきし》＝青天白日旗を掲げて国民政府に服属すること）。この北伐軍を支援していた外部勢力は主にソ連であった。

他方、北京政府を承認していた九カ国条約調印国は広東の政府と密接な関係を築かず、かといって北京政府の存続を後押ししたわけでもなかった。たとえば、フランスは義和団賠償金の支払いをめぐって、一九二二年末の北京政府による返済開始以後も金兌換《だかん》フランでの支払いを同政府に求め、金兌換を停止したフランでの支払いを拒否した。また、この条件を北京政府が受け入れるまで、フランスは中国の関税自主権回復に向けての会議開催にも応じなかった。結局、一九二二年二月に締結された九ヵ国条約の批准は、一九二五年八月になってようやく完了した。関税自主権回復に向けての会議は同年十月になって始まり、関税自主権回復という果実は北京政府ではなく、南京国民政府の手中におさまることになった。

北伐と革命外交

孫文は、一九二四年には広州で第一回国民党党大会を開いたが、孫は共産党にも寛容であり、共産党員も国民党員となって第一回国民党党大会に参加した。一九二五年の孫文の死を経て上海《シャンハイ》で五三〇事件（日本の在華紡の工場労働者のデモに端を発した運動で、五月三十日にデモ隊に対して共同租界のイギリス租界警察が発砲し、死傷者が出た事件）が発生し、これが反帝国主義運動へと結びついた。そして、それが一九二六年から蔣介石《しょうかいせき》率いる国民革命軍がおこなった北伐を後押しした。しかし、蔣介石は、この北伐の過程で一九二七年に上海で四・一二クーデターを起こして共産党をパージ（追放）したのだった。

また、国民革命軍が北伐をおこなう過程で唱えられた対外関係上のスローガンは革命外交だった。革命外交は、本来ならば、前政権の締結した不平等条約などを一度反故《ほご》にして新たに平等な関係を築き直すことだが、この時期の中国の場合、国民革命軍による北伐と結びついた国権回収運動が革命外交であった。一九二七年に成立し、翌年に中国統一を成し遂げた南京国民政府は、清王朝や北京政府の締結した条約などを継承しており、革命外交はおこなえなかったばかりか、条約改正に際しても「到期修約（条約の更新期限に際して少しずつでも条約内容を修正していくこと）」を旨とし、関税自主権の回復なども北京政府の交渉を継承して成果を上げた。

このスローガンとしての革命外交は、満洲や中国本土に既得権益を有する日本には脅威に感じられたようである。一方、この革命外交の対象は日本だけではなく、中国に最大の権益を有したイギリスにも向けられていた。国民革命軍が租界の返還などを求めると、イギリスは九江《きゅうこう》や漢口の租界を返還し、後に威海衛《いかいえい》の租借地も返還した。五三〇事件でナショナリズムの矢面に立たされたイギリスは北伐に比較的融和的な姿勢を示したのである。

それに対して、日本は厳しい姿勢を貫き、三度にわたる山東出兵を敢行した。これは、対英米協調、対中国武力行使回避を旨としてきた幣原外交からの転換を意味したが、中国ナショナリズムの矛先も日本へと向かうことになった。特に一九二八年の済南《さいなん》事件（日本軍の山東出兵をめぐり、山東省済南で起きた国民革命軍と日本軍の武力衝突事件）以来、蔣介石が日記に「雪恥（恥を雪ぐ）」という文字を毎日書き込むようになったことからも、その心理的な影響がうかがえよう。だが、一九二七年に発生した、国民革命軍による南京日本総領事館襲撃、暴行事件（南京事件）など、日本側にも国民感情が悪化する原因があった。この時期には従来以上に、両国政府にとって世論が重要な政策要因になっていた。

南京国民政府

中華民国は一九一二年に成立し、当初は議会制民主主義に基づく共和制を目指したが、袁世凱をはじめ歴代の大総統らは議会権限の強い共和制が実質化するのを忌避した。一九二〇年代、孫文もまた共和制の即時実施ではなく、軍政、訓政、憲政という、政治体制の三段階論を唱えていた。「国民政府」という呼称は国民党が政治を指導する訓政時期であることを示し、政府の首班も総統ではなく、国民政府主席とされた。

ソ連の影響を強く受けたこの政府は、党が国家を指導し、またその党は宣伝と動員という手法を用いることに長《た》けていた。北京政府が清朝を継承した十九世紀型の政権なら、国民政府は二十世紀型の政権だった。官僚は国民党官僚と、北京政府から継承した官僚の双方から構成され、軍隊は国民革命軍を基礎とした直属軍と、各地方の軍事勢力から成っていた。浙《せっ》江《こう》財閥に代表される、経済界も主要な支持層であった。

この南京国民政府に対しても列強は列強間協調を維持しつつ臨もうとしていたが、特に首都南京に公使館を移すことには列強諸国は慎重だった。だが、中国と平等条約を結んだドイツはもとより、ソ連などはすでに他の列強とは異なる動きをしていたし、中国自身が国力を強めるなかで、九ヵ国条約はすでに列強協調の枠組みとして従来通りの機能を果たせなくなりつつあったのかもしれない。また、中華民国政府は国際連盟との連携を強化することに成功し、連盟のさまざまな協力事業が中国で展開されていた。

南京国民政府は一九二八年から翌二九年にかけて、関税自主権の回復に成功した。北京政府の交渉を継承した成果だったが、これにより財政基盤が強化されるとともに、列強からの政府承認も獲得した。一九二八年からの三年間は、中華民国政府が自らの領土と主張する領域のほとんどを統治できた稀少《きしょう》な時期だった。だが、国内の地方軍事勢力や共産党は健在だったし、国民党内の指導者争いもあった。一九二九年の世界恐慌は、東アジアにも影響したが、欧米に比べれば比較的早期に回復した。しかし、一九三〇年代に入ると、日中は全面的に衝突するようになり、中国をめぐる列強間協調も崩れていった。

満洲事変と列強間協調の瓦解

一九三一年九月十八日、満洲事変が発生した。関東軍はきわめて短期間に満洲のほぼ全域を占領した。地方での反乱を鎮圧するために奉天を離れている間に事変に直面した張学良は蔣介石の指示もあって関東軍との戦争を避けた。南京の蔣介石は、「安内攘外《じょうがい》」、つまり国内の地方軍事勢力や共産党勢力を掃討して国内をまず安定させ、その上で対外的な脅威、つまり日本と向き合おうとしたのである。

国民政府は、軍事的衝突は避けつつ、外交の場での問題解決を目指した。一つは中国の保全を基礎とする九ヵ国条約であったが、列強は消極的であった。いま一つは国際連盟であった。国際連盟では日本が常任理事国、中国が非常任理事国であり、中国は連盟規約違反として日本を訴えた。集団安全保障の論理もまた、中国には論理上有益だった。審議の結果、リットン卿《きょう》率いる調査団が東アジアに向かうことになった。この調査団は、東アジアの近代史全般に関する調査報告書をまとめて国際連盟に報告し、連盟で日中双方が論争した。だが、日本の満洲での特殊権益を認めつつも、その地域の主権は中国に属し、また満洲を国際管理下に置くという方針に日本は反撥し、一九三三年三月に国際連盟離脱を通告することになった。当時、大国が連盟を離脱することは少なくなく、これがただちに日本の国際社会での孤立を示すわけではなかったが、中国をめぐる列強間協調という観点に立てば、明らかにその破綻を意味する一つの事象だった。

この調査がおこなわれている間、一九三二年一月には第一次上海事変で日中両国軍が上海で衝突し、同年三月に日本は満洲国を建国していた。一九三三年五月三十一日には、日中間で締結された塘沽《タンクー》停戦協定によって満洲事変は終結することになった。だが、その後も日本の華北への侵出は継続しておこなわれたのである。

日中戦争と「十四年戦争論」

昨今、中国の歴史教育では一九三一年から四五年を日中戦争の期間、つまり満洲事変から日中戦争が始まった、としている（「十四年戦争論」）。かつて中国では、一九三六年十二月の西安《せいあん》事変（張学良が共産軍討伐を促しに来た蔣介石を監禁し、国共内戦停止と挙国一致による抗日を訴えた事件）以後に国民党と共産党が歩調を合わせていったことを重視し、また同時代的にも「八年抗戦」とされていたこともあって、一九三七年七月七日の盧溝橋《ろこうきょう》事件を日中戦争の起点としてきた。それに対して、昨今、中国政府が満洲事変を日中戦争の起点としたのには、まず現在の台湾の国民党との協調と関連づけられていた国共合作をもはや強調しなくなったこと、次に抗日戦争を長期的に捉えて、近代化よりもナショナリズムを基軸に歴史を再構築する政権側の意図があるのだろう。

しかし、実際のところ、特に塘沽停戦協定で満洲事変に区切りがついた一九三三年から盧溝橋事件のあった一九三七年までの間を「戦争」とするのには相当な無理がある。無論、日本の華北への侵出は続いていたから、「侵略」を指標にするなら、満洲事変を起点にすることもありえる。だが、一九三三年からの四年間は、日中双方に戦争への準備があったとはいえ、戦争状態にあったとは言いがたい。

国民政府は、地方軍事勢力や共産党の統治空間を直接統治するべく、彼らに多くの負担を強いたし、またその一環として幣制改革をおこなって現銀を集めた。西安事変はそうした国民政府の地方軍事勢力や共産党への圧迫に対して、満洲から陝西《せんせい》に移動した張学良と、陝西北部の延安《えんあん》に移動していた共産党とが協力して起こしたものだった。実際、西安事変の終結後、ただちに中国が日本と戦争を始めたわけではない。盧溝橋事件はそれから半年以上経った七月七日に生じた。それどころか、盧溝橋事件が起きた直後に日中双方は開戦を意識しておらず、むしろ七月後半にそれを意識し始めた。本格的戦闘は一九三七年八月十三日の第二次上海事変で始まったと見ることもできる。

日中戦争は日中二国間関係の破綻を意味したが、それでも多くの和平交渉がもたれた。だが、多くの場合、満洲国の承認問題や信頼関係の問題から不振に終わった。中国をめぐる列強間関係はすでに満洲事変などで破綻していたが、一九四一年のハル・ノート（日米交渉の最終段階で、国務長官ハルが提示したアメリカ側の対日提案）にあるように、満洲国の存在などが焦点となって日米間でも合意点は見出《みいだ》せなかったのである。


【さらに詳しく知るために】

川島真『シリーズ中国近現代史2　近代国家への模索──1894－1925』岩波新書、二〇一〇年

十九世紀末から一九二〇年代半ばの中国史に関する著作。その時期以降を扱う、同シリーズの第三巻石川禎浩『革命とナショナリズム』も合わせて参照いただきたい。

櫻井良樹『華北駐屯日本軍──義和団から盧溝橋への道』岩波現代全書、二〇一五年

義和団事件から盧溝橋事件に至る華北駐屯日本軍に関する包括的な著作。華北の日本軍の変容を知ることができる。

波多野澄雄、戸部良一、松元崇、庄司潤一郎、川島真『決定版　日中戦争』新潮新書、二〇一八年

日中戦争について日中双方の視点を取り入れた著作。特に日本史については、政治史、軍事史、財政史の観点から叙述されている。

第6章　政党内閣と満洲事変

小林道彦

その前史

日露戦争の結果、日本は関東州租借地（一九二三年に中国に返還予定）と南満洲《みなみまんしゅう》鉄道（旅《りょ》順《じゅん》―長春《ちょうしゅん》間、一九三九年返還予定）を獲得し、さらに北京《ペキン》条約（満洲善後条約。一九〇五年十二月）とその附属協定で安奉《あんぽう》鉄道敷設権（安東《あんとう》―奉天《ほうてん》）などの追加的権益を得た。また、秘密議事録では満鉄並行線の禁止が明記され、吉長鉄道（吉林《きつりん》―長春）の建設・経営権などの継続交渉案件も列挙されていた。南満権益の輪郭はすこぶる曖昧《あいまい》であり、ここに日中間の紛争の余地が生じた。

その後、第二次大隈重信《おおくましげのぶ》内閣の二十一ヵ条要求（一九一五年）で、日本は南満権益の延長と拡大を強引に中国政府に呑《の》ませたが、それは中国のナショナリズムをいたく刺激し、後に中国側の強引な利権回収外交、いわゆる「革命外交」を誘発する（奈良岡聰智『対華二十一ヵ条要求とは何だったのか――第一次世界大戦と日中対立の原点』名古屋大学出版会、二〇一五年）。

一方、現地満洲の軍閥張作霖《ちょうさくりん》は日本と共存する姿勢をとり、原敬《はらたかし》内閣以降の歴代日本政府もまた張作霖をバッファー（緩衝勢力）として、満洲権益の保全を図ろうとした。だが、満洲に大人しく納まっている張作霖ではなかった。彼はしばしば中原進出《ちゅうげん》（華北での覇権掌握）を試み、それが失敗すると満洲に戻って日本の庇護《ひご》下に入るというパフォーマンスを繰り返した。その結果、南満権益の安定を求める日本側との軋轢《あつれき》は徐々に高まっていった（以下本章全体については、小林道彦『政党内閣の崩壊と満州事変――1918〜1932』ミネルヴァ書房、二〇一〇年参照）。

山東出兵と張作霖爆殺事件

一九二六年、張作霖は北上してきた蔣介石《しょうかいせき》率いる国民革命軍と激突する。時の田中義一《たなかぎいち》政友会内閣は山東《さんとう》半島に三度にわたって出兵するが（一九二七〜二八年）、それは日本人居留民を現地で保護するとともに、張作霖を満洲に平和裏に撤退させて、国民革命の満洲への波及を阻止することを目的としていた。ところが、関東軍（満洲駐屯日本軍）はすでに張作霖を見限っており、高級参謀の河本大作《こうもとだいさく》らは息子の張学良《ちょうがくりょう》を新たな満洲の支配者に擁立しようとしていた。

一九二八年六月四日、河本ら関東軍は張作霖を奉天郊外で坐乗列車もろとも爆砕した（満洲某重大事件）。しかし、張学良は関東軍の傀儡《かいらい》とはならず、蔣介石の国民政府に合流した。河本の目的は東北軍閥の首のすげ替えにすぎず、独立国家の樹立や満蒙（満洲・内モンゴル）の武力併合などは最初から考慮の外にあった。だがその手段、政治的テロリズムが軍法会議で処断されなかったことは、陸軍、とりわけ関東軍の軍紀の弛緩《しかん》＝独断専行的風潮の瀰漫《びまん》へと繋《つな》がっていった。

田中や陸軍長老層は、当然のことながら軍法会議を開くつもりであった。ところが、文官閣僚や政友会の対外硬派から異論が噴出した。山東出兵時もそうであったが、軍よりも政党勢力内部に強硬派は多く、党内統制に腐心していた田中は彼らの主張に屈して河本らを行政処分に付してしまったのである。それは昭和天皇の逆鱗《げきりん》に触れ、田中内閣は総辞職を余儀なくされた（一九二九年七月）。

浜口内閣の新しい中国政策

続く浜口雄幸《はまぐちおさち》・第二次若槻礼次郎《わかつきれいじろう》両民政党内閣（陸相は宇垣一成《うがきかずしげ》と南次郎《みなみじろう》）は、国民政府や東北軍に対する武器輸出の解禁（小林道彦「日本陸軍と中原大戦――１９２９－３１年」『北九州市立大学法政論集』三二巻一号、二〇〇四年六月）や中国人警察官の「公僕」としての訓練を日本で行うことなどを通じて、国民政府の近代化・法治国家建設支援に大きく舵《かじ》を切った。一方、幣原喜重郎《しではらきじゅうろう》外相や井上準之助《いのうえじゅんのすけ》蔵相は、南満権益は経済権益なのであり、したがって、日中間の経済的連携が強化されれば、両国の政治的軋轢も自ずと解消される筈《はず》だと考えていた。

そして、以上の政策体系の要に位置していたのが金解禁（国際金本位制への復帰、一九三〇年一月）であった。それは極東秩序の安定化を前提としており、内外における日本陸軍の突出抑制は金解禁の必須条件であった。現に統帥権干犯問題を引き起こしたロンドン海軍軍縮問題（一九三〇年）では、宇垣率いる陸軍は内閣支持の立場を鮮明にしており、浜口は自らの経綸《けいりん》に自信を深めていた。

ところが、浜口らの練り上げた政治的シナリオにやがて狂いが生じ始める。一九三〇年の「中原大戦《ちゅうげんたいせん》」をきっかけに、張学良は再び華北へ進出していった。その東北軍は航空戦力の強化や毒ガス装備など軍備の近代化を進めており、彼らの反日姿勢も顕著であった。葫蘆島《ころとう》を起点とする「満鉄並行線」計画の推進はもとより、その政治的プロパガンダも攻撃性を増していった。この頃、奉天城下で散布されたと思《おぼ》しき「失地図」と称する抗日ビラには、朝鮮・台湾はもちろん、沖縄や奄美《あまみ》大島、果ては対馬《つしま》までもが中国の挽回《ばんかい》すべき領土であると表示されていた。

「経済外交」の行き詰まり

満洲における東北軍と関東軍との緊張は急速に高まっていった。そして、この頃から関東軍内では、参謀の板垣征四郎《いたがきせいしろう》や石原莞爾《いしわらかんじ》を中心に「満蒙武力分離」の現実的可能性が探られるようになった。彼らは経済外交には一切幻想をもたなかった。南満洲の諸権益が政治的意義を帯びているのは自明であり、それを経済権益だと言い換えたところで実態は変わらない。仮に日中が経済的に「ウィン・ウィン」の関係を築き得たとしても、それを政治的・軍事的緊張緩和へと繋げることができなければ、満洲問題の安定化など望むべくもない。

石原は言う。東北軍閥の指導者が誰であろうとも、彼らは中原進出の野望を抱き続けるだろう。つまり、東北軍閥の存在そのものが満洲情勢の不安定化要因なのであり、この悪循環を断ち切るためには、中国本土からの満洲の分離、すなわち、独立国家建設か、日本による領有を断行するしかない、と。

権力の流動化

この間、一九二九年十月に始まった世界恐慌は日本にも波及しつつあり、幣原・井上コンビの政策的パッケージ、緊縮財政と協調外交に対する不満は「内地」でも満洲でも高まりつつあった。翌三〇年十一月、浜口首相は東京駅で右翼の凶弾に倒れた（翌年八月死去）。続く第二次若槻内閣は陸軍軍縮に活路を見出《みいだ》そうとしたが、すでに陸軍では軍縮に反対する政治的潮流が勢いを増しつつあり、それを察知した宇垣は陸相を辞任し、朝鮮総督に転出してしまった。

「ポスト浜口・宇垣」の政治権力状況を一言で言えば、政党内閣の機能不全にともなう体制統合能力の全般的低下ということに尽きよう。昭和天皇は田中叱責の後遺症から、政治への積極的介入を控えがちであり、元老西園寺公望《さいおんじきんもち》と内大臣牧野伸顕《まきののぶあき》との間には、天皇の政治的役割をめぐる意見の相違があった。陸軍と海軍はそれぞれ内部に軋轢を抱えており、関東軍内部にも対立の火種は燻《くすぶ》っていた。犬養毅《いぬかいつよし》や若槻の党内統制力は原敬や加藤高明《かとうたかあき》のそれには遠く及ばず、なによりも普通選挙の時代を迎えて、大衆世論が国政に及ぼす影響力は著しく増大していた。

軍中央と出先、関東軍内部、陸軍省と参謀本部、陸軍長老層と中堅層等々、さまざまな部門間・階層間で対立や軋轢が高まりつつあり、軍部は総体としてみれば内部分裂を遂げながら、政治的には活性化していた。

政治権力は流動的な状況にあり、その構成要素相互間の合従連衡《がっしょうれんこう》のあり方次第では、政党政治が軍部に勝利する可能性もまだ十分残っていた。軍部が擡頭《たいとう》できるかどうか、一九三一年夏の時点では状況はいまだ予断を許さなかった。

政治化する陸軍

それにしても、陸軍はなぜかくも政治化したのか。

明治維新の激動のなかから生まれた日本陸軍は、「天皇の軍隊」として制度設計されていたが、それは、天皇はさまざまな政治対立から超然とした至高の存在であるという建前に基づいていた。つまり、天皇の軍隊は官僚制的な「非政治的軍隊」として創出されたのである。

ところが、君主制の存在を真っ向から否定する一連の「危険思想」が登場し（一九一〇～一一年、大逆《たいぎゃく》事件）、しかも、それが国際共産主義運動の一環としての活動を活潑《かっぱつ》化させると（一九二二年、日本共産党の結党）、天皇の軍隊という体制的安定装置は微妙な揺らぎを見せ始める。

「国体」の危機は一部の少壮将校を強く刺激し、彼らはさまざまな研究会を組織して（一九二七～二八年、二葉会、木曜会、一夕会《いっせきかい》など）、満蒙問題や総力戦体制、さらには思想問題等について活潑な議論を闘わすようになった。とはいえ、それが即座に「戦争とファシズムへの道」に繋がっていったわけではない。研究会の基幹メンバーであった永田鉄山《ながたてつざん》などは、「戦争をしてまでも満蒙を取る必要があるのか」と、満蒙武力分離方針に根本的疑問を呈していたし、総力戦体制にしても、当初は政党内閣の下での体制構築が模索されていたにすぎなかった。

ところが、昭和恐慌などによって内外の危機が昂進《こうしん》すると、名分論的国体論の急進化に刺激された一部の軍人のなかから、非合法的手段の行使をも辞さずという非官僚的＝「志士」的軍人グループが出現し、クーデター計画の作成に関与するようになる。橋本欣五郎《はしもときんごろう》を中心とする桜会《さくらかい》（一九三〇年結成）である。それは、明治陸軍がその内部から排除した、官僚的統制に服さない政治的軍人グループそのものであった。

危機の連鎖の形成——朝鮮、満洲、「北支」、上海

この時期、大陸では朝鮮－満洲－「北支」－上海《シャンハイ》という「不安定の弧」が形成され始めていた。これらのどこか一点で衝突が起これば、それは即座に隣接諸地域に飛び火しかねなかった。しかも、上海には日本海軍の揚子江《ようすこう》艦隊が、それ以外の地域には日本陸軍が常駐しており（関東軍、朝鮮軍、天津《テンシン》軍）、帝国の防衛メカニズムが作動した場合、それがかえって事変の拡大を招くというリスクも存在していた。

すでに「鮮満」国境地帯は朝鮮独立運動の軍事拠点化しており、その取り締まりをめぐって日中両国官憲間の軋轢は高まっていた。そして一九三一年七月、事件は起こった。長春郊外の万宝山《まんぽうざん》で朝鮮人移住者と現地住民が水利をめぐって衝突し、日中両国官憲がこれに介入したのである（万宝山事件）。そして、このニュースが誇大に報じられるや、今度は平壌《ピョンヤン》を始めとする朝鮮各地で華僑《かきょう》迫害暴動が勃発した。いわゆる朝鮮事件である。

事件の背景には、朝鮮経済の成長にともなう所得格差の拡大と、朝鮮人低所得者層の満洲への移民の増大があった。彼らの内地への流入を嫌った日本政府はその満洲方面への排出を図ったが、それが出先での中国・朝鮮両民族間の軋轢を増大させ、このような事件が起こったのである。

事件の処理が長期化すれば、反華僑暴動は朝鮮独立運動に転化するだろう。朝鮮事件はほどなく鎮静化したが、もとより問題が解決されたわけではなかった。そして、この在満朝鮮人問題は後に若槻内閣の不拡大方針を大きく制約することになる（小林道彦、中西寛編著『歴史の桎梏《しっこく》を越えて――20世紀日中関係への新視点』千倉書房、二〇一〇年）。

満洲事変の展開過程

一九三一年九月十八日、関東軍は奉天郊外柳条湖《りゅうじょうこ》で満鉄線を自ら爆破し、これを中国側の仕業《しわざ》であるとして奉天を制圧した（柳条湖事件）。満洲事変の始まりである。周知のように、関東軍は日本政府の不拡大方針を押し切って、最終的には満洲全域を占領して「満洲国」をでっち上げてしまうのであるが（三二年三月「独立宣言」）、それは関東軍の「電撃的軍事行動」などではなく、政党内閣と関東軍の紆余曲折《うよきょくせつ》に満ちた政治的バトルであった。その政治過程は以下の三期に分けられる。

第一期――柳条湖事件の勃発から十月事件までの混乱期（一九三一年九月中旬〜十月中旬）。第二次若槻内閣は「不拡大方針」を鮮明にし、関東軍の作戦範囲は満鉄付属地と借款《しゃっかん》鉄道沿線に止まる。

第二期――若槻内閣の反転攻勢期（一九三一年十月中旬〜十二月中旬）。関東軍は南北両方面で不拡大線の突破を図るが（チチハルと錦州《きんしゅう》）、臨時参謀総長委任命令（臨参委命）によって阻止される。臨参委命とは、天皇の統帥大権を一時的に参謀総長に委任するもので、これによって、参謀総長は天皇の裁可を待たずに、臨機応変に、たとえ真夜中でも、現地部隊に命令を発することができるようになるのである。

第三期――犬養内閣と皇道派（反長州閥）陸軍の対立期（一九三一年十二月中旬〜三二年五月）。関東軍はハルピン占領を強行し、第一次上海事変の間隙をぬって満洲国の独立を宣言する（三月一日）。犬養は国家承認を拒み続けたが、五・一五事件で暗殺される。

こうして、「憲政の常道」と呼ばれた二大政党による政権交代の時代は終わりを告げ、陸軍青年将校による「昭和維新」の時代が幕を開けたのであった。以下、各時期ごとにその特徴を見ていこう。

関東軍の実像

「精鋭」を謳われた関東軍であるが、その実態は内地師団の持ち回りにすぎず（当時は仙台第二師団）、現有兵力はわずか約八八〇〇、しかも、内陸部での作戦行動を支える後方兵站《へいたん》部隊（輜重兵《しちょう》）は仙台に残置されていた。当時の関東軍は権益防衛のための軍隊であって、基本的に鉄道とその沿線でしか戦えなかったのである。

対する東北軍は約二二万という大兵力を擁していたが、多くの馬賊《ばぞく》や雑軍を抱え込んでおり、奉天を叩《たた》いて、その指揮命令系統を麻痺《まひ》させれば四分五裂状態に陥るだろうと予想されていた。

だがそれにしても、全満洲を占領するには内地や朝鮮からの兵力の追加派遣は必須であった。そして、幣原や井上を擁する若槻内閣がそれを認める公算は非常に小さかった。

柳条湖事件が起こるや、若槻内閣は不拡大方針を鮮明にし、関東軍からの兵力支援要請をことごとく撥《は》ねつけた。そこで、朝鮮軍司令官林銑十郎《はやしせんじゅうろう》は奉勅命令の伝宣を待つことなく、独断で隷下《れいか》の混成第三九旅団を奉天に進出させ、関東軍の「危急を救う」ことにした。これは明らかに不法行為であったが、満洲の混乱を危惧していた若槻は、満鉄付属地内への関東軍の撤退を条件にこれを容認してしまった（一九三一年九月二十一日）。

不拡大方針と「治安維持」出兵

東北軍の敗走と同時に、満洲内陸部では治安が急速に悪化し、在満朝鮮人に対する敗残兵の暴行・略奪行為が頻々と報じられていた。不拡大方針を厳密に適用すれば、関東軍暴走のリスクは抑え込めるが、満洲、とりわけその内陸部における治安の悪化には歯止めがかからない。幣原に言わせれば、事態を放置すれば「朝鮮統治上容易ならざる事態を醸す」のである。

若槻内閣は関東軍を巧みに御しながら、満洲での治安回復をも図らねばならず、このことが政府の不拡大方針を時に微妙に動揺せしめた。そしてこの治安問題こそは、増兵要求という「苦い丸薬」を石原らが政府に呑ませるための格好の道具立てであった。この時期、治安維持を名目に、関東軍は吉林などの満鉄借款鉄道沿線にまで派兵範囲を徐々に拡大していた。

しかし、若槻内閣も「不拡大線」を設定し、関東軍の作戦範囲を地理的に限定してこれに対抗した。そして、金谷範三《かなやはんぞう》参謀総長は幣原外相と協力して関東軍の蠢動《しゅんどう》を押さえ込もうとしていた。

政治的多数派形成への動き――十月事件と協力内閣運動

一方国内では、桜会急進派分子が若槻内閣を軍事クーデターで一気に打倒しようとしていた。だが、それは事前に検挙され（一九三一年十月十七日、十月事件）、その結果、参謀本部内の急進分子は一斉に更迭《こうてつ》され、金谷による本部の掌握はかえって容易になった。

十月事件は政界に大きな衝撃を与え、二大政党の力を結集して政友・民政連立内閣を作り、陸軍穏健派（金谷、宇垣、白川義則《しらかわよしのり》）とともに陸軍全体をコントロールしていこうという気運が高まった（協力内閣運動）。だが、関東軍の抑制に自信を深めていた井上蔵相が経済政策の転換（金輸出再禁止）に強く反撥《はんぱつ》したために、この運動はすぐに下火となった。政党勢力結集の機会はこうして失われた。

ちなみに、若槻内閣は十月事件を公表せず、橋本らの処分もごく軽微なものに止めたが、それは金谷の辞任を避けるための方便であった（皇道派は金谷の更迭を画策していた）。事情が事情だったとはいえ、張作霖爆殺事件と同様、軍紀・軍律はここでもまた蔑《ないがし》ろにされてしまったのである。

この間、張学良は満洲南部の錦州に軍政府を設置し、満洲に対する名目的支配権を維持しようとしていた。石原らは錦州攻撃を画策していたが、天津軍も南方から錦州を攻撃しようとしていた。天津軍が動けば戦域は華北にまで拡大する。十月八日、石原は独断で錦州を爆撃したが、それは国際社会に大きな衝撃を与え、国際連盟では期限付きの撤兵を日本に求める声が強まった。十月十一日、軍中央は天津軍を強く戒め、満洲事変の「北支事変」へのエスカレートは辛うじて回避された。

追い詰められた関東軍――統帥権の発動と兵力の枯渇

さてここからの一ヵ月間は、治安の悪化や既得権益の擁護を口実に不拡大線を破ろうとする関東軍と、それを必死になって阻止しようとする内閣・参謀本部との熾烈《しれつ》な綱引きが展開された時期である。

それを列挙すれば、

一、チチハル近郊への嫩江《のんこう》支隊（八〇〇名）の派遣→馬占山《ばせんざん》軍との衝突→関東軍による第二師団主力の独断派兵（一九三一年十一月四日）→臨参委命による進撃中止（同五日）。

二、第二師団のチチハル進出（同月十七日）→臨参委命による撤退命令。

三、天津暴動を口実とする混成第四旅団の錦州進撃（十一月二十七日）→臨参委命による部隊の撤収（二十七〜二十八日）。

以上である。

これらのうち、政府の事前の了承を得たのは最初の嫩江支隊の派遣（鉄道修理が目的であった）だけで、後はすべて石原らの独断専行である。当時、幣原もまた関東軍の陰謀は行き詰まっていると考えており、その統制にはきわめて楽観的であった。現に関東軍（第二師団）の戦力は馬占山軍との戦闘や北満洲の酷寒によって枯渇しつつあり、混成第四旅団の満洲派遣は関東軍の治安維持能力を確保するために、混成第三九旅団の朝鮮復帰と引き替えに行われたものであった（十一月七日）。この措置は迂闊《うかつ》といえば迂闊であり、新鋭部隊を得た石原はさっそくそれを錦州進撃に投入した。だがそれも、臨参委命によって阻止された。

十一月下旬、政党内閣と参謀本部は密接に連携して、北でも南でも関東軍の不拡大線突破を阻止することに成功していた。国際世論の風向きも徐々に変化し、国際連盟では、日本による満洲の委任統治構想が急浮上していた。

「もはや、万策尽きた」。満蒙領有はもとより、満洲の「独立」も困難だと判断した石原は、満洲を国際連盟の委任統治領とすべきだとやにわに主張し始めた（十二月二日、石原「満蒙問題の行方」）。関東軍は窮地に追い込まれていたのである。

逆転——幣原外相の「統帥権干犯」

ところが、アメリカ、スチムソン国務長官の記者発表（日本時間一九三一年十一月二十八日午前）によって事態は急変する。スチムソンはフォーブズ駐日大使経由の幣原外相談として、関東軍の錦州攻撃は中止されるだろうとの観測を記者団に述べ、それが日本国内で報道されるや（二十八日夕方）、幣原は勝手にアメリカ国務長官に関東軍の作戦について約束した、これは「統帥権干犯」に当たるとの非難が轟然《ごうぜん》と湧《わ》き起こった（坂野《ばんの》潤治『近代日本の外交と政治』研文出版、一九八五年）。

「統帥権干犯」は伝家の宝刀であり、この声を聞いた多くの政治勢力が若槻民政党内閣を見限り、一斉に攻撃を開始した。幣原と南陸軍大臣、金谷参謀総長の政治的求心力は致命的な打撃を受け、臨参委命の権威も失墜した。死に体だったはずの関東軍は息を吹き返し、十二月十日には混成第三九旅団の朝鮮帰還も延期された。そして、板垣征四郎（関東軍高級参謀）が満洲国の制度設計の主導権を握った。陸軍内部では荒木貞夫《あらきさだお》ら皇道派が南・金谷らを攻撃し、金谷は十二月二十三日に更迭された。第二次若槻内閣は総辞職に追い込まれ、「憲政の常道」に則って、犬養毅政友会内閣が成立した（同月十三日）。

犬養内閣による対華秘密交渉

犬養内閣の成立と相前後して、陸軍大臣と参謀本部次長には皇道派の荒木と真崎甚三郎《まさきじんざぶろう》が就任し、その実権を掌握した。彼らはもともと関東軍には好意的であり、参謀本部（総長は閑院宮戴仁親王《かんいんのみやことひと》）による関東軍の抑制はここに事実上不可能となった。

老獪《ろうかい》な犬養はいったん満洲に増兵してから、手綱を引き締めるつもりでいた。十二月十七日、関東軍に一混成旅団、天津軍には一混成連隊がそれぞれ増派された。ところが、天津軍はこの兵力を使って「北支那作戦」を発動しようとした。

これでは毒を以て毒を制するしかない。十二月二十七日、犬養内閣は国際連盟が認めた「匪賊《ひぞく》討伐権」を行使する旨宣言し、翌一九三二年一月三日、関東軍は錦州を占領した。これは天津軍の暴発＝華北への戦域拡大を防ぐための窮余の一策であった。

この間、犬養は国民党孫科《そんか》政権と連携して満洲に新政権を擁立し、日本軍を主力とする国際警察軍によって満洲の治安を維持するという事態収拾策を探っていた。実は中国側にも、関東軍を利用して張学良を駆逐《くちく》しようという動きがあり、錦州占領はその第一歩でもあった（加藤陽子『シリーズ日本近現代史5　満州事変から日中戦争へ』岩波新書、二〇〇七年）。

ハルピン出兵——統帥権をめぐる政治的磁場の変化

昭和天皇も焦慮《しょうりょ》のあまり、張学良との交渉開始や満洲からの混成旅団の撤退を政府に促していた。これは犬養の方針とは齟齬《そご》をきたしていたが、天皇の「聖意」を遮《さえぎ》ることはできない。参謀本部では満洲からの一部兵力の削減手続きを進めており、これには上原勇作《うえはらゆうさく》や宇垣一成といった陸軍長老層も賛意を表していた（一九三二年一月六日〜十一日）。スチムソン事件の衝撃は、急速に修復されつつあったのである。

一月八日、朝鮮人による昭和天皇暗殺未遂事件が起こった（桜田門事件）。皇道派は内閣総辞職を策したが、犬養に対する天皇の信任は揺るがなかった。事態は天皇・犬養・陸軍穏健派ペースで進んでいた。

こうした頽勢《たいせい》を挽回するには、もはやハルピン出兵という「劇薬」を用いるしかない。一月二十七日、本庄繁《ほんじょうしげる》関東軍司令官は荒木陸相と閑院宮参謀総長にハルピン出兵を打診、参謀総長は即座にそれを承認した。前年のチチハル作戦時とは異なり、もはや閣議での事前承認は求められなかった。

スチムソン事件以来、統帥権干犯問題に文官側は神経質になっており、陸軍の専横を非難する声も上がらなかった。統帥権をめぐる政治的磁場は明らかに変化していたのである。結局、参謀本部の部分的撤兵方針も撤回され（二月一日）、それに続けて、今村均《いまむらひとし》ら部内の穏健派も一斉に更迭された（二月）。

第一次上海事変の勃発

一月二十八日、さらなる大事件が出来した。第一次上海事変である。

同事変についても不透明な部分も少なくない。陰謀の蔭《かげ》は日本側のみならず、中国側にも存在している（鹿錫俊《ろくしゃくしゅん》『中国国民政府の対日政策――1931―1933』東京大学出版会、二〇〇一年）。だが、関東軍―皇道派―艦隊派・海軍航空隊グループ―五・一五事件関係者との間に政治的連携が図られていたことを想起すれば、上海事変の勃発が満洲での出来事と全く無関係であったとは思えない。

日本人居留民と中国人との衝突に端を発したこの事変に、当初対応したのは海軍であった。だが中国側の抵抗は甚《はなは》だしく、すぐにそれは陸軍一個師団を動員し（第九師団）、海軍第一航空戦隊（空母「加賀」）をも投入した局地戦争にまでエスカレートしていった（一月二十九日～二月二日）。この間、海軍では出兵に消極的な「条約派」に対する粛清人事が行われている（二月上旬）。中国軍の抗戦意識は旺盛《おうせい》で、日本軍は苦戦を強いられ、ついには白川義則率いる上海派遣軍（第一一・第一四師団）の編成・派遣を余儀なくされた。「帝国陸軍が支那軍ごときに敗をとってはならない」。今や犬養も「勝利による停戦」を希求するようになっていた。この時、天皇は白川に口頭で停戦の意思を伝え、白川は総攻撃の後、それを服膺《ふくよう》して停戦に漕《こ》ぎつけている（三月三日）。

この間、満洲では宣統帝溥儀《せんとうていふぎ》を擁する満洲国の独立が宣言されたが（三月一日）、この日は一九一九年の万歳事件（三・一独立運動）記念日であった。当然のことながら、それは朝鮮民族主義者の怒りを買い、白川は爆弾テロの犠牲になった（四月二十九日、上海天長節祝賀式典事件）。

だがそれでも、上海停戦協定が日本側によって反故《ほご》にされることはなかった。この間、犬養は宇垣や上原の支援をも頼んで国民政府との交渉を継続していたが、上海での一連の惨劇《さんげき》の後で交渉が纏《まと》まる可能性は果たしてどれほどあったであろうか。犬養は満洲国の承認を引き延ばすと同時に、天皇の聖慮による事態の収拾を仄《ほの》めかしたが、それは民間右翼や青年将校の憤激を招いた。五月十五日、犬養もまた政治的テロルの犠牲となった（五・一五事件）。

おわりに

一九三二年九月十五日、斎藤実《さいとうまこと》内閣は満洲国を承認し、翌一九三三年五月には日中両軍間に塘沽《タンクー》停戦協定が取り交わされ、ここに満洲事変の幕引きが図られた。だが、その後も関東軍などは華北分離工作を推し進め、一九三七年の日中戦争へと事態は推移していく。

日清・日露戦争が比較的短期間で収束したのは、日本はもとより相手国もまた、統治能力を喪失していなかったからであった。一九二二年のシベリア撤兵は、ボリシェヴィキの極東支配が確立していたからこそ可能になったのである。
満洲事変がうまく収束しなかったのは、日本側に即して言うならば、その権力の拡散状況――関東軍の一連の暴走はその一局面にすぎない――によるところが大きい。大正デモクラシー状況における「山県《やまがた》（有朋《ありとも》）系官僚閥」（日清戦後に成立した、藩閥糾合的一大官僚閥）の解体が、結果的に軍部の擡頭の誘因となったとするならば、それは歴史の皮肉というべきであろうか。

【さらに詳しく知るために】
島田俊彦『関東軍――在満陸軍の独走』講談社学術文庫、二〇〇五年
関東軍の誕生から潰滅までの通史。一九六〇年代に執筆された古典的作品である。
臼井勝美『満州事変――戦争と外交と』中公新書、一九七四年
外交史的手法を駆使した古典的作品。とくに第一次上海事変についての叙述は出色である。
北岡伸一『官僚制としての日本陸軍』筑摩書房、二〇一二年
昭和期における日本陸軍の官僚化が、「非制度的な力」による政策統合を不可能ならしめ、日本を破滅に至らしめたと説く。
戸部良一『日本陸軍と中国――「支那通」にみる夢と蹉跌』ちくま学芸文庫、二〇一六年
陸軍と中国との深いかかわりを体現した「支那通」と呼ばれた軍人たちの姿を描く。

第7章　戦間期の軍縮会議と危機の外交
——第二次世界大戦への道①

小谷　賢

はじめに

一九一八年十一月十一日の休戦協定によって終結した第一次世界大戦は、死者二〇〇〇万人以上という空前絶後の犠牲者を出すことになった。欧州においてはそれまで大戦争とされてきた十七世紀の三十年戦争や十九世紀のナポレオン戦争をはるかに超えるものとなり、戦争を経験した国々は二度とこのような大戦争を引き起こさないための知恵を絞ったのである。それらは例えば、ヴェルサイユ条約（国際連盟規約）やロカルノ条約による集団安全保障体制の導入、パリ不戦条約（ケロッグ＝ブリアン条約）の制定、そして軍縮のための国際会議の実施等であった。しかしわずか二一年後の一九三九年九月一日に、第二次世界大戦が勃発したのである。

第二次世界大戦の要因としては、ドイツでヒトラー政権が成立し、対外膨張主義的な政策を指向したことが大きいが、これに対してイギリスの歴史家Ａ・Ｊ・Ｐ・テイラーは『第二次世界大戦の起源』において、むしろ英仏の消極的な態度がドイツの増長を招いたと指摘し、それ以降、第二次世界大戦の原因については活潑《かっぱつ》な議論が行われている。確かに英仏独伊ソの指導者のパーソナリティが戦争を招いたと議論することも可能であるが、それ以外にも各国の内政状況や当時の国際制度、さらには欧州外の国際情勢といった問題にも目を向けていく必要があるだろう。本章はこれらの観点を加味しながら、欧州における第二次世界大戦の起源について概観していくものである。

第一次世界大戦後の国際制度

当時、第一次世界大戦の原因は欧州における各国の勢力均衡策にあると考えられていた。そこでアメリカのウッドロー・ウィルソン大統領は「一四ヵ条の平和原則」のなかで国際連盟の創設を訴え、集団安全保障体制の構築を構想したのである。そして集団安全保障を明文化したヴェルサイユ条約と侵略戦争を違法化したパリ不戦条約（一九二八年）がこの体制に基本的なルールを与えることになった。

欧州における戦後の平和は、敗戦国ドイツの犠牲の上に成り立っていたといってよい。ドイツはよく知られているように一三二〇億マルクという莫大《ばくだい》な賠償金支払い義務（二十一世紀に入っても支払い自体は続いている）に加え、四万平方キロメートルの領土と七〇〇万人もの人口を失ったのである。さらに一九二五年のロカルノ条約によってドイツとベルギー、フランスの国境地帯が非武装化され、国境の不可侵が確約された。このような措置はドイツを力ずくで押さえ込むようなものであり、それを支える集団安全保障の体制や法的な側面は極めて曖昧《あいまい》なものであった。

まず集団安全保障体制は、理論的に大国間の対立や潜在的敵国間では機能し難く、また強制力が働かなければ、自国の利益と関係のない地域での紛争に介入することも難しい。ヴェルサイユ条約第一六条では、連盟の手続きを無視した戦争は侵略行為と見なされ、直ちに制裁の対象となることが明示されていたものの、致命的なことに各国は拒否権を持っていたため、必ずしも侵略国に対する制裁や軍事行動に訴える義務はなかったのである。そして肝心のアメリカが連盟に参加しなかったことで、この体制は成立の段階から危ういものであった。

さらに不戦条約では、何が侵略戦争かが明確に定義されず、自衛戦争のみが認められるという解釈であり、国際法学者の信夫淳平《しのぶじゅんぺい》が「不戦条約は不戦どころか、大概の戦の遂行を適法のものとして裏書するものである」（『戦時国際法講義』第一巻、丸善、一九四一年）と指摘したように、ほとんど条約としての効力を持っていなかった。イギリスのウィンストン・

チャーチルが「連盟は英艦隊の代わりになるものではない」と演説したように、当時から第一次世界大戦後の国際関係を規定した制度には、理想主義が先行するイメージが付きまとっていたのである。つまり戦間期の国際制度はそれを遵守するという各国の連帯や協調を重視する意識がないと成り立たず、逆に力をもってそれを打破しようとする国が出現すれば、それを力で押さえ込むような制度設計とはなっていなかった。

ただし各国の軍事力については、各種軍縮会議によって制限していこうという考えであった。国際連盟規約第八条に加盟国の軍備削減義務の項目が存在し、また連盟自体が多国間協議の場を与える上でも重要な役割を果たしていたのである。

軍縮会議の成功と挫折

戦間期には多国間の軍縮会議が比較的多く開催されている。この時代の軍縮会議の特徴は、毒ガスや爆撃機は非人道兵器であるのでこれらを全廃するという人道主義的な議論と、各国が保有する艦艇や陸上兵器を削減すれば、戦争の可能性が低くなるという戦略的な議論が混在していたことである。そして比較的上手《うま》くいったのは戦略的な軍備制限のほうであった。

例えば軍縮条約調印まで漕《こ》ぎつけたものとしては、一九二二年のワシントン海軍軍縮会議や一九三〇年の第一次ロンドン海軍軍縮会議、一九三五年の第二次ロンドン海軍軍縮会議等があり、調印に至らなかったものとしては、一九二七年のジュネーヴ海軍軍縮会議、一九三二～三四年のジュネーヴ軍縮会議がある。このなかで最も成功したのはワシントン海軍軍縮条約であろう。同条約は当時の五大海軍国でありった日米英仏伊が建艦競争を避けるべく、量的に戦艦と航空母艦の保有の上限を定めたものであり、海軍軍備の分野においてはワシントン体制と呼ばれる協調的な国際システムが構築されるに至ったのである。

しかし一九二九年十月、アメリカに端を発する世界恐慌が起き、各国政府は国際協調よりも自国中心主義的な対応によって危機を乗り越えようとしたのである。英仏のように植民地を多く持つ国は、経済のブロック化によって自国の産業や通貨を守ることになるが、日独はかなりの経済的損害を被ることになった。そのような状況において、一九三一年九月十八日に満洲《まんしゅう》事変が生じると、日本の世論はこれを熱狂的に支持したのである。満洲事変は日本陸軍が、満蒙問題の解決という安全保障上の観点から実施したものであるが、事変によって日本の国際的な立場は苦しいものになる。イギリスは国際連盟の場において日本に妥協的な態度を示したが、日本は満洲国承認問題をめぐって連盟各国と対立し、一九三三年三月二十七日に国際連盟から脱退することになったのである。

ただしイギリス政府は一九三五年に予定されていた第二次ロンドン海軍軍縮会議に一縷《いちる》の望みを繋《つな》いでいた。しかし一九三四年の予備交渉において、競争関係にあった日米はお互いの主張を反駁《はんばく》し合い、英米は現実的な軍備計画と理想論的な軍縮という相反する主張を行った結果、会議は頓挫《とんざ》したのである。

一九三四年十二月二十九日正午（ワシントン時間）、斎藤博《さいとうひろし》駐米大使からコーデル・ハル国務長官に、日本のワシントン海軍軍縮条約からの脱退が正式に通告されたのである。同条約の失効は通告から二年後とされており、これは一九三六年末に自然失効するロンドン海軍軍縮条約に合わせたものであった。一九三六年三月二十五日には英米仏間で、建艦計画の相互通告と艦艇の質的制限を骨子とした第二次ロンドン海軍軍縮条約が調印されているが、加盟を求められた日本はこれを拒否した。

つまり一九三七年以降、海軍分野では無条約の状況が出現することになり、その先に起こる建艦競争は不回避のものとなる。日本海軍は一九三七年度からの「③（マルサン）計画」によって、戦艦「大和」や「武蔵」の建造計画を柱とした大幅な海軍軍備の増強を実施することになる。これに対抗する形でアメリカ政府は一九三八年五月に第二次海軍拡張法（第二次ヴィンソン計画）を成立させ、一気に艦隊の二割増強を実施した。そしてイギリス政府も日独を対象とした海軍力の二ヵ国基準を定めて、一九三六年から三九年の間に大規模な拡張計画に着手し、七隻の戦艦、四隻の空母、二〇隻の巡洋艦を整備した。こうして戦間期の国際秩序の一翼を担ったワシントン体制は崩壊し、各国の恐れていた建艦競争が現実のものとなったのである。

欧州の軍縮については、一九三二年二月からジュネーヴ軍縮会議が開催されている。この会議のために世界中から六二ヵ国が集まり、陸海空すべての攻撃兵器を制限するための話し合いを行っている。その焦点は戦車や潜水艦、爆撃機といった攻撃兵器と見なされるものを制限すべきかどうか、そしてヨーロッパ最大の陸軍・空軍力を有するフランスが積極的に軍縮に応じるかどうかにあった。当時、軍備を厳しく制限されていたドイツは、国際連盟規約を盾に、ドイツのみが軍縮を強いられるのではなく、各国が等しく軍縮に応じるべきであると主張したが、フランスはこれに真っ向から反論したのである。

ドイツはヴェルサイユ条約によって国力を削がれ、軍備を制限されていたものの、ドイツの潜在的国力はフランスを凌駕《りょうが》していた。第一次世界大戦で国内を戦場とされたフランスに対して、ドイツの工業地帯はほぼ無傷で残っており、人口もフランスとドイツでは二〇〇〇万人もの差があった。さらにフランスは莫大な対英債務を抱えている状況であったので、フランスとしてはヴェルサイユ体制を維持し、ドイツを押さえつけておくことが自国の安全保障のために必要であったといえる。問題はドイツがそのような状況に妥協し続けられるかどうかであった。

もしフランスがドイツの再軍備を認めるのであれば、イギリスにフランスの安全保障を担保してもらう必要があった。フランス政府はイギリスによる援助の確約がない限り、軍縮に応じない方針であったが、イギリスのマクドナルド政権は、フランスの安全保障や軍縮問題に無関心であり続けたのである。この時期のイギリス政府の態度は、国際協調からはほど遠いものであったといえる。

このような軍縮に消極的な英仏の態度は、ドイツに軍備平等を主張する口実を与えることになる。ドイツ側は会議を不服として一九三三年十月に軍縮会議、さらには国際連盟からも脱退した。ドイツではすでに同年一月三十日にヒトラー政権が成立しており、裏では軍拡計画が進められていたのである。アドルフ・ヒトラー総統の狙いは、西欧でフランスを孤立させた上でヴェルサイユ体制を打破し、軍拡によって東方への生存圏を得ようという壮大なものであった。ジュネーヴにおける英仏の軍縮に消極的な姿勢は、ドイツに再軍備の口実を与えたも同然であった。こうして一九三五年三月十六日、ドイツは再軍備を宣言することで、陸軍を一気に三倍の規模に増強し、独空軍《ルフトヴァッフェ》を新設したのである。これに対して英政府もドイツの再軍備が現実的な脅威になると予測し、すでに一九三四年七月には空軍力を増設する「A計画」を了承していた。

一九三三年から三四年の時期は、戦間期のターニングポイントであったといえる。この時期に国際的な協調主義や平和を求める理想主義は後退し、軍拡によって自らの安全保障を確立する現実主義が擡頭《たいとう》するのである。ただしこの時代を境にすべての国がそのように振る舞ったわけではない。むしろラムゼイ・マクドナルド英首相やアリスティード・ブリアン仏首相といった政治家は理想主義的な風潮のなかで、現実主義的な方策を採らねばならず、このことが問題を難解にしていたのである。空軍力増設の報告を受けた英議会では、「一体何のための軍拡なのか」という声が聞かれたという。

危機の外交

ドイツの再軍備宣言に対抗すべく、一九三五年四月に英仏伊はストレーザー宣言を発表し、三ヵ国の結束を確認した。さらに一九三五年五月二日にフランスはソ連と仏ソ相互援助条約を締結し、ドイツの東欧への拡大に備えた。これらの動きは、ロカルノ条約で謳われた集団安全保障体制よりも個別の同盟政策に頼るという旧来の勢力均衡策であったが、英仏伊、さらにソ連が組めば、ドイツを抑止するには十分な勢力となる。ところがストレーザー宣言のわずか二ヵ月後にイギリス政府は、単独でドイツと英独海軍協定を締結したために、ストレーザー戦線はあっけなく崩壊したのである。これはイギリスの対独宥和《ゆうわ》策の嚆矢《こうし》となった。

他方、イタリアのベニート・ムッソリーニ総統は、十月二日にエチオピアへの進攻を宣言した。これに対して国際連盟は対伊経済制裁を発動したものの、その態度は最初から腰砕けであった。ムッソリーニは英仏が経済制裁に出た場合、イタリアとの戦争を引き起こすと警告していたのである。英仏は欧州におけるドイツとの対決の可能性を予期しており、遠いアフリカの一国をめぐってまでイタリアと敵対することを望まなかったため、ホーア＝ラヴァル案によってイタリアの侵略行為を正当化しようとさえしたのである。十二月にこのことが新聞で報じられると英世論は沸騰《ふっとう》し、サミュエル・ホーア外相は辞任に追い込まれるに至った。エチオピア側の懸命の訴えにもかかわらず、国際社会は動かなかった。ここに国際連盟の集団安全保障体制は事実上、崩壊したといってよい。

そしてエチオピア問題が紛糾している隙《すき》をつき、一九三六年三月七日、ドイツはロカルノ条約を破棄し、非武装地帯に定められていたラインラント進駐を断行した。これに対するフランスの選択肢は、軍事力によって断固とした態度を取るか、外交的に穏便な方策に走るかであった。ロカルノ条約の規定では、明白な侵略行為に対しては、国際連盟の裁定を待たずとも、軍事力による自衛権の行使が可能であった。進駐の翌日、ピエール・フランダン仏外相は独軍に対抗するため、軍部に陸軍部隊の動員を求めたが、マジノ線による防御戦術に凝り固まっていたモーリス・ガムラン参謀総長はこれに従わなかった。恐らくこの段階で英仏が協力すれば、たとえ戦争になってもドイツ軍を打ち破ることはそれほど困難ではなかっただろう。しかし両国の政治家、そして世論は断固たる行動は戦争に繋がるとして忌避し続けたのである。イギリスではスタンリー・ボールドウィン首相が、ドイツの行動は侵略行為ではないとして、フランスの立場には冷淡な態度を取り続けた。イギリスの援助が確約されないのであれば、フランスの単独行動は危険なものとなるため、結局フランスはドイツとの直接対決を避ける選択肢を選んだのである。

このフランスの行為についてA・J・P・テイラーは、フランスが「眼を閉じ問題が存在しないふりをしたのだ」と形容している。さらにフランスで成立したレオン・ブルムの人民戦線内閣は、国内の経済制裁優先で、外交は二の次となっていた。この時期、フランスは経済の悪化や出生率の低下など、国力低下が著しく、政情も不安定であったため、ドイツに対して断固たる政策が取れなかったのである。

しかしフランスの行為は、周辺国を不安に陥れた。ベルギーはフランスとの協定から離脱して中立を選択することになり、東欧でも親仏的な小協商国、ルーマニアやチェコスロヴァキア、ユーゴスラヴィアの各政府がフランスの態度に幻滅を表明した。ソ連ですら仏ソ協力を見限り、独ソ通商協定締結（一九三九年）というドイツ寄りの外交に転じたのである。フランスは欧州においてほぼ孤立することになった。フランスが頼るべきであったイギリスはようやく空軍の増強に取りかかり始めたところであり、ドイツとの戦争などもっての外であった。ロバート・ヴァンシタート英外務次官は当時の状況を以下のように書き残している。

「誰も対独制裁については口にしなかった。労働党は制裁に反対で、自由党は軍縮を主張し、保守党は何も動かなかった」。一九三六年三月十四日に国際連盟理事会がロンドンで開催されているが、理事会はドイツのラインラント進駐をヴェルサイユ条約違反と認定しただけで、結局何らかの行動を取ることはできなかったのである。

こうしてヒトラーのヴェルサイユ・ロカルノ体制打破という目標は、あっけなく実現した。対する英仏は当面の策として、再軍備までの時間を稼ぎ、イタリアを味方に引き入れることを狙《ねら》っていた。一九三六年七月四日、英仏政府はエチオピア問題をめぐってイタリアに課した経済制裁を解除し、イタリアへの接近を図ったが、独伊接近のほうがより速いペースで進んでいた。七月にスペイン内戦が勃発すると、独伊はフランコ政権に肩入れし、十月二十五日にはベルリン・ローマ枢軸の成立宣言を行ったのである。またもや英仏は後手に回った。さすがに危機感を感じたイギリスのネヴィル・チェンバレン首相は、形振《なりふ》り構わない対伊接近を試みたが、閣内ではアンソニー・イーデン外相がこれに反対し、辞任するに至ったのである。

一九三七年七月七日に日中戦争が勃発すると、イギリスはより複雑化した問題に向き合うことになる。日本政府は一九三六年八月七日の「国策の基準」によって大陸と同時に南洋に進出するという南北併進の戦略を打ち出していたものの、日中戦争は計画されていたものというよりは、偶然と機会主義が重なった結果であったといえる。一九三六年十一月二十五日に調印された日独防共協定によって、欧州情勢と東アジア情勢はリンクするようになっていた。

欧州におけるフランスがそうであったように、東アジアにおけるイギリスはアメリカの支援なしに単独で日本に対抗する術《すべ》を持たなかった。相変わらず国際連盟は機能不全の様相であり、イギリスが取れるのは、対中支援によって時間を稼ぎつつ、粘り強く対日交渉を進めていくことぐらいであった。中国の国民党政府も欧州情勢が悪化すれば、英ソが対日宥和を進めると判断しており、これ以上の欧州情勢の悪化を望まなかった。しかしいざという時に備え、蔣介石《しょうかいせき》はアメリカに接近することを考え始めるようになっていた。各国は欧州と東アジア情勢を注意深く見極めつつ事を運ぶことを余儀なくされていたのである。

第二次世界大戦の勃発

一九三八年三月十三日にドイツがオーストリアを併合すると、独伊の紐帯《ちゅうたい》はより輪郭を明確にすることになった。従来、イタリアはオーストリア併合に反対の立場であったが、ムッソリーニはこれを了承したのである。そしてヒトラーの次の狙いは、チェコのズデーテン地方にあった。元々オーストリア＝ハンガリー帝国の一部であったズデーテンは三〇〇万人ものドイツ系住民を抱えていたにもかかわらず、第一次世界大戦後にチェコスロヴァキアに併合されており、自治権を求める運動が起こっていたのである。他方、チェコスロヴァキアは一九二四年にフランスと相互援助条約を締結しており、もしドイツが同国に武力侵攻すれば、フランスはチェコスロヴァキア防衛のために軍事援助を行う義務を担っていた。しかし実際問題、空軍力についてはすでにドイツがフランスを凌駕している状況であり、有事の際にフランスが同国を守ることはほぼ不可能だった。

ここでも鍵《かぎ》となるのはイギリスの出方であったが、チェンバレン首相はチェコ防衛については否定的であり、むしろ民族自決の観点からドイツに理解を示す有様であった。フランス政府は、チェコスロヴァキアと相互援助条約を交わしていたソ連を取り込んでドイツに対抗する策を検討していたが、イギリス政府のソ連に対する不信は根強く、仏ソ間の交渉も纏《まと》まらなかったのである。

そのようななかで一九三八年九月二十九日、ミュンヘン会談が開催された。会談はドイツのヒトラー総統、イギリスのチェンバレン首相、フランスのエドアール・ダラディエ首相、そして仲介役としてイタリアのムッソリーニ総統が参加して行われたが、当事国であるチェコスロヴァキアやソ連の代表は会議に呼ばれることすらなかったのである。この会談においてチェンバレンはヒトラーに対して、ドイツの主張であるズデーテン地方の割譲を認める有和政策を積極的に進めた。チェンバレンにとってチェコスロヴァキアの防衛は現実的ではなく、またそのためにドイツとの全面戦争を行うという選択は、イギリスの世論がそれを許さなかったのである。英国内ではドイツの空爆に備えて防空壕が掘られ、防毒マスクが配付されるという状況になっており、英国民の戦争に対する忌避感は強かった。本来チェコスロヴァキアに同情的であったダラディエも、ミュンヘンではチェンバレンに追随するのみとなった。

ただし宥和政策をもってチェンバレンやダラディエを非難することは、後知恵《あと》的なところがある。英仏の政治家は世論の後押しを受けて避戦を進め、これを達成したのだから、当時は熱狂的な世論の歓迎を受けることになった。英仏のみならず、ドイツ国民までもが二人を英雄に祭り上げ、アメリカのフランクリン・ローズヴェルト大統領もこの結果を一時的に評価している。

しかしミュンヘン会談の結果は、その後の欧州情勢を大きく変化させることになった。英仏への不信を強めたソ連は自らの安全保障の確立のため、ドイツへの接近を強めた。ヒトラーは、英仏政府がどんな犠牲を払っても戦争を回避しようとしていることを確信した。ヒトラーはズデーテン地方のみならず、チェコスロヴァキア全土の掌握を目指すようになり、さらにその先にはポーランドを見据《みす》えていたのである。

ポーランドについても基本的な構図はズデーテン問題と似通っている。ドイツは住民のほとんどがドイツ系である、自由都市ダンツィヒの帰属をめぐってポーランドと交渉を行っていたが、一九三九年三月二十六日には決裂している。ただし英仏はチェコスロヴァキアとは異なり、ポーランドについては譲歩しない方針であった。もしドイツがポーランドを手中に収めれば、ドイツの東部国境は安定し、そこから戦略資源も入手できるため、ポーランド問題はいずれ英仏に跳ね返ってくる問題だと考えられていたためである。フランスは一九二一年の仏・ポーランド相互援助条約によってポーランドに対する援助の義務を負っており、イギリスもソ連よりはポーランドと組むことを選んだ。イギリス政府は一九三九年四月から五月にかけてソ連と軍事同盟についての交渉を行っていたが、大した成果を残しておらず、その代わりに一九三九年八月二十四日にポーランドと相互援助条約を締結し、フランスとともにドイツのポーランド侵攻に備えたのである。しかし英仏がどのような手段によってポーランドを防衛するのかは不明瞭なままであった。

片やソ連は急速にドイツに接近していた。この時期、独ソ交渉も密かに行われており、それは八月二十三日の独ソ不可侵条約として結実することになる。こうして背後を固めたドイツは、九月一日に電撃的なポーランド侵攻を行った。英仏はポーランドとの相互援助条約に基づき、三日に対独宣戦布告を行う。ソ連も独ソ不可侵条約の秘密合意事項に基づき、九月十七日に東からポーランドに侵攻し、ここに第二次世界大戦が始まるのである。

おわりに

戦間期における欧州の国際関係から教訓を得ようとしたのが、イギリスの歴史家であり外交官でもあったE・H・カーである。カーは『危機の二十年』において、道義的なユートピアニズムが権力的なリアリズムに取って代わられていく様子を、危機感をもって論じた。ただしカーは、ラインラント進駐以降、英仏などがドイツの要求に従ったのは、それが危険を遠ざけるというよりも、ドイツの要求にもそれなりの理があったという理解に基づくものであると論じた。つまりは戦間期の国際関係を規定したヴェルサイユ条約自体がドイツにとって不合理なものであったということである。ただし国際関係の構造的な問題を理由に、ヒトラー政権は戦争の責任を免れるものではない。

さらには時間の問題も見過ごされがちである。一九三〇年代後半の一連の出来事は展開が早く、各国とも十分な時間をかけて検討していたとは言い難い。戦間期に一貫してドイツと対峙《たいじ》し続けたフランスは、各国との同盟策によってこれを乗り切ろうとしたが、どれも拙速的であり、信頼関係を築くまでには至らなかった。アメリカの国際政治学者スティーヴン・ウォルトによると、同盟が機能するようになるまでは信頼関係の構築や同盟の制度化などある程度の時間が必要だということであるが、一九三五年から三九年の展開を見れば、そのような時間的余裕はあまりなかったといえる。

そのなかで唯一、ヒトラーのドイツのみが各国の先手を取るように行動し、英仏は常に後手にまわり続けた。民主主義国は政治家間の同意形成や世論への配慮から政策決定までにやはり時間を必要とするものである。日本も「バスに乗り遅れまい」として、独伊との同盟締結に向かったのである。しかし一時的に上手く立ち回ったように見えたヒトラーも、最終的に米ソを敵に回したことで、その壮大な戦略は画餅《がべい》に帰した。

【さらに詳しく知るために】

大井孝『欧州の国際関係 1919−1946——フランス外交の視角から』たちばな出版、二〇〇八年

戦間期のフランスの外交政策について詳しい。

E・H・カー『危機の二十年——理想と現実』原彬久訳、岩波文庫、二〇一一年

戦間期の欧州国際関係について考察した書だが、国際政治学のテキストとしても名高い。旧訳版と新訳版があるが、新訳版のほうが読みやすい。

A・J・P・テイラー『第二次世界大戦の起源』吉田輝夫訳、講談社学術文庫、二〇一一年（初刊一九七七年）

第二世界大戦の起源について一石を投じた書。本書に対する異論もあるが、概説書としては適切な内容。

ジョセフ・S・ナイ・ジュニア、デイヴィッド・A・ウェルチ『国際紛争——理論と歴史』原書第九版、田中明彦、村田晃嗣《こうじ》訳、有斐閣、二〇一三年
国際安全保障学のテキストだが、戦間期の国際政治についても第4章で詳しく解説してある。
ウィリアムソン・マーレー、マクレガー・ノックス、アルヴィン・バーンスタイン編著『戦略の形成——支配者、国家、戦争』下巻、石津朋之、永末聡監訳、中央公論新社、二〇〇七年
戦間期の米英仏独ソの軍事戦略について、それぞれの立場から詳しく書かれている。

第8章　「南進」と対米開戦
——第二次世界大戦への道②

森山優

ヨーロッパ戦線の激動と日本

蔣介石《しょうかいせき》との直接交渉（桐工作《きりこうさく》）が望み薄となって行くなか、欧州ではナチス・ドイツの西方攻勢が開始された。ドイツ軍は一九四〇年四月初頭のノルウェー侵攻を皮切りに、五月十日にベネルクス三国の防衛戦を突破、六月二十二日にはフランスを降伏させた。西ヨーロッパをほぼ手中に収めたのである。

わずか一〇ヵ月前のドイツの背信行為（独ソ不可侵条約の締結により防共協定強化が空中分解）を忘れたかのように、多くの日本人が熱狂した。ドイツの勝利は、イギリスを中心とした「旧秩序」の崩壊と思われたからである。さらに蘭印（オランダ領東インド＝現インドネシア）、仏印（フランス領インドシナ＝現ベトナム・ラオス・カンボジア）など東南アジア植民地

近衛文麿首相（右）と松岡洋右外相
出所：国立国会図書館（右），『画譜　憲政五十年史』（左）.

の宗主国の敗北は、その天然資源入手による日本の経済的発展を期待させた。官民ともに「南進」論の熱気に包まれる。

英米依存体制からの脱却など内外政策の「革新」を求める勢力は、「現状維持」的な米内光政《よないみつまさ》内閣を倒し、近衛文麿《このえふみまろ》を首班とする第二次近衛内閣を成立させた。近衛内閣は、国防充実、外交刷新、南方発展を重要政策と位置づけ、七月二十七日に武力による南方発展も考慮する「世界情勢ノ推移ニ伴フ時局処理要綱」（以下、「時局処理要綱」とする）を大本営政府連絡会議で決定した。外相は近衛と並び国民的人気を誇った松岡《まつおか》洋右《ようすけ》である（森山優「松岡洋右――ポピュリストの誤算」、筒井清忠編『昭和史講義　3』ちくま新書、二〇一七年）。松岡は八月一日、外交方針を「大東亜共栄圏の確立」とし、それには蘭印、仏印等の南方諸地域も包含されるとの談話を発表した。

しかし、このとき決定された「国策」に従って、日本が南方へと遮二無二《しゃにむに》突き進んでいったわけではない。「時局処理要綱」はドイツの西方攻勢の熱気のなかで慌ただしく決定された玉虫色の「国策」だったため、決定直後から解釈に齟齬《そご》があった（このような「国策」の「両論併記」状況については、森山〔二〇一二〕、森山〔二〇一六〕を参照）。武力行使に最も積極的だった参謀本部は、イギリスが早期に敗北すれば対英戦にも吝《やぶさ》かではなかった。しかし、イギリス、そしてアメリカとの武力衝突をも招く可能性が高い武力行使には、慎重な意見もあった。特に海軍は、陸軍が伝統的な「北進」論から「南進」論に転じたことは歓迎した（海軍の軍備拡充に根拠を与えるため）が、アメリカとの戦争は想像の埒外《らちがい》だった。各勢力がそれぞれの「南進」構想を投影したため混乱に陥ったのが、北部仏印への兵力進駐だった。

北部仏印進駐と日独伊三国同盟

「南進」への思惑が錯綜《さくそう》するなか、日本は日中戦争解決を名目として仏印に陸軍部隊の進駐を要求。フランスは一九四〇年八月三十日、領土主権の尊重と引き替えに日本との経済提携と軍事的便宜供与（ただし対蔣作戦目的に限定させる）を内容とする松岡・アンリ協定を受け入れた。しかし、これを機に武力進駐をめざした陸軍の一部の幕僚が暴走し、フランス軍との戦闘を引き起こした。関係者は更迭《こうてつ》されたが、その多くがすぐに陸軍中央に舞い戻る。陸軍内に武力進駐を容認する雰囲気が存在していたことは否めない。

機を同じくして、日独伊三国同盟交渉が進められていた（九月二十七日調印）が、陸軍が主導した防共協定強化交渉とは異なり、松岡外相が一手に引き受けてまとめ上げた。松岡は、三国同盟にソ連を加えた四国ブロックを形成して英米に対抗する構想を抱いていたと言われる。

前回は強硬に反対した海軍は、自動参戦問題がクリアされた（第二次世界大戦に参戦していない第三国――アメリカを想定――から日独伊いずれかが攻撃された場合、他の二国は参戦するが、あくまで自主的判断による）として容認に転じた。海軍は戦備の充実と外交による戦争回避を政府に訴えたが、日本を取り巻く国際環境は厳しさを増した。三国同盟は、アメリカの対日世論を極端に悪化させ、渋々ながら日本との経済提携を認めた蘭印も厳しい態度を取り始めたのである。

進まない「南進」構想の調整

陸軍が考えていた「南進」は、戦争相手をイギリスとオランダのみにとどめれば、アメリカとの戦争を回避できるという前提に立っていた（英米可分論）。しかし、海軍はイギリスに手を出したらアメリカは必ず参戦する（英米不可分論）ので武力行使は自存自衛の場合に限ると主張、両者の溝は埋まらなかった。陸海軍が一致しない以上、戦争に至らない程度で仏印やタイへの影響力を強めていく他はない。折しも一九四〇年末にタイと仏印との国境紛争が激化し、日本は調停に乗り出す。陸海軍はこれを機に南部仏印の基地獲得やタイとの軍事同盟を目論《もくろ》み、「国策」に盛り込んだ。

ところが、それを骨抜きにしてしまったのが、松岡外相である。松岡は、シンガポール攻略論をさかんに唱えていたが、陸海軍に戦争の覚悟がないことを見越していたと思われる。シンガポール攻略の覚悟がなければタイ・仏印施策は無意味と松岡に突っぱねられると、軍は引き下がるしかない。さらに日本の行動を武力南進と誤解したイギリスが一九四一年二月上旬から極東危機説を流布すると、海軍も腰砕けとなった（小谷賢『イギリスの情報外交——インテリジェンスとは何か』PHP新書、二〇〇四年。森山〔二〇一六〕）。タイへの領土割譲を渋る仏印を説き伏せて調停を成立させた直後、松岡は軍を煙《けむ》に巻いて訪欧の途に就く。

日ソ中立条約締結と日米交渉の開始

松岡はドイツとイタリアで熱狂的な歓迎を受け、帰途モスクワで日ソ中立条約を締結し

（四月十三日）、意気揚々と帰国した。日独伊ソの四国ブロックが成立したかに見えた。すでにモスクワでスタインハート駐ソ米大使に接触するなど対米交渉の布石を打っていた松岡は、その力を背景に交渉を有利に進めようと考えていたのである。

ところが、二十二日に帰国した松岡を待ち受けていたのは、民間外交に端を発した「日米諒解案《りょうかい》」だった。それは日米の対立を巧みに隠蔽《いんぺい》し、かつ米が日中戦争解決の橋渡しをするなど好条件だったため、天皇をはじめ近衛や陸海軍も両手《もろて》を挙げて賛成していた。しかし、松岡は謀略の臭いをかぎ取ったか単にヘソを曲げたかは不明だが、日米交渉をサボタージュしたのである。

南部仏印進駐論と松岡外相

折しも四月十六日、帰朝した駐タイ陸軍武官は、タイ国内の「日本勢力尚微々前途遼遠」と報告した（軍事史学会編『大本営陸軍部戦争指導班　機密戦争日誌』上巻、錦正社、一九九八年）。仏印も米の対日輸出を、集荷不良を理由に渋り始める（日本は不作が続き、外米の輸入が必要だった）。さらに蘭印との日蘭会商も、日本の広範な要求に対して蘭印が反撥《はんぱつ》を強め、難航していた。イギリスは、日本が南方から入手した資源をシベリア鉄道経由でドイツに送ることを懸念し、経済圧迫を始めた。このような手詰まり感を打開するため、陸海軍は松岡によって店《たな》ざらしにされていたタイ・仏印施策を再開させようとする。

松岡は、以前と同様のレトリックで陸海軍の要求を拒絶した。このため、陸海軍は施策の内容を南部仏印への兵力進駐にエスカレートさせる。さらに対米戦をも辞さないという覚悟を表明することで、松岡を説得しようとしたのである。これまで機能してきた松岡のブラフ(はったり)は、いったん相手が不退転の決意を示すと通用せず、逆に今まで自分が吐いた大言壮語を実行しなければならなくなる。ところが、対米戦を辞せずと大見得を切った陸海軍では、一部を除き南部仏印進駐が対米戦を惹起《じゃっき》するとは思っていなかったのである。松岡説得のため、陸海軍の中堅幕僚は進駐の必要性を訴える文書の作成に忙殺されたが、作文した彼らでさえ「不同意ノ者ガ読メバ必要ナキ如ク見エ同意ノ者ガ読メバ必要ニ思」えると記す(前掲『機密戦争日誌』上巻)ほど、説得力に欠ける代物だった。

いったんは南部仏印進駐を容認した松岡だったが、すぐさま反対に転じる。それは、迫り来る独ソ開戦への対策の文脈においてであった。六月中旬から七月にかけて松岡は幾度となく進駐の再考を訴えた。彼は反対の根拠をシンガポール攻略論から「北進」論へと変え、陸軍を上回る強硬論を展開して周囲を困惑させた。

独ソ開戦と、その対応

ドイツは一九四一年六月二十二日にソ連への攻撃を開始したが、その情報は六月五日に日本にもたらされた。対応策を立案する必要に迫られた日本は、七月二日に至って「情勢ノ推移ニ伴フ帝国国策要綱」という新たな「国策」を御前会議で決定する。

それは、日中戦争の解決を第一義とするが、「南方進出ノ歩ヲ進メ」「情勢ノ推移ニ応シ北方問題ヲ解決ス」と、南北ともに進もうとする内容だった。また「対英米戦ヲ辞セス」という文言も盛り込まれたことから、日本がこの段階で対米戦を決意していたと誤解されがちだが、軍は前述のように松岡対策と認識していた。「国策」の他の箇所を読めば、その威勢のよさとは裏腹に「南北準備陣」をうたったにすぎなかったことが明白である（アメリカ参戦の場合や独ソ戦に対しても、武力行使等は「自主的ニ」決定）。具体的に決まったのは既定のタイ・仏印施策を進めることだけだった。とはいえ、「国策」を根拠に南北ともに武力行使の準備を進めることは可能となった。

関東軍特種演習（関特演）の開始

ドイツ快進撃の報に、参謀本部を中心に「北進」論が沸騰《ふっとう》する。極東ソ連軍が部隊を西方に抽出されて弱体化すれば、またとないチャンスである。問題は、武力行使が可能となる弱体化の程度であった。田中新一《たなかしんいち》参謀本部第一（作戦）部長を筆頭とする積極論者は、ドイツに呼応し、柿の木を揺すってでも渋柿を落とそう（渋柿主義）と、関東軍の即時動員を主張した。これに対し慎重な陸軍省軍務局は、極東ソ連軍の兵力がほとんど戦闘を交える必要もないレベルまで低下するまで待つ考えだった（熟柿主義）。

しかし、ソ連攻撃の準備には陸軍全体としてコンセンサスがあった。田中新一第一部長の東条英機《とうじょうひでき》陸相への直訴が実り、御前会議直後の七月五日、陸軍は新たに五〇万人の動員を決定する。関東軍特種演習（関特演）の開始である。冬将軍が来る前に作戦を終わらせる開戦のタイムリミットは、八月九日とされた。陸軍省の慎重派は、参謀本部が暴走しないよう、この日まで警戒し続けることになる（西浦進『昭和戦争史の証言――日本陸軍終焉の真実』日経ビジネス人文庫、二〇一三年）。

松岡外相の抵抗と閣外放逐

この時期、松岡は日米交渉の進め方についても周囲と対立していた。日米の対立点を巧みにボカしていた「日米諒解案」に対し、松岡は強硬な対案で交渉しようとした。たとえば「日米諒解案」では、日本が中国からの撤兵を保障すること等でアメリカが蔣介石に和平を勧告することになっていたが、五月十二日の日本案では撤兵に言及せず、日本と汪兆銘《おうちょうめい》政府との既存の条約等をアメリカが了解して和平勧告すると書き換えていた。松岡は大本営政府連絡懇談会で、アメリカが欧州戦争に参戦すれば世界文明が破壊されるので絶対に阻止しなければならないと息巻き、予定されていたコンボイ（援英物資輸送船団のアメリカ艦隊による護衛）を阻止すべしと主張した。周囲にとっては、丸四年になろうとしている日中戦争を終わらせるほうが先決であり、松岡が絶好の機会をむざむざ逃そうしていると映ったのである。

日本側の提案をうけて、アメリカは五月三十一日に非公式案を、さらに六月二十一日には正式の対案を日本側に手交した。後者に付随するハル国務長官のオーラル・ステートメントは、日本の「有力ナル指導者」が親独発言を繰り返して国内世論に影響を与えている限り交渉は困難とし、日本政府が平和的進路の追求を希望していることを明確に示すことを希望していた。

名指しこそ避けているが、松岡を忌避する内容に、彼は激怒した。七月十二日の連絡懇談会で、松岡はオーラル・ステートメント撤回を要求して交渉を打ち切ることを主張、周囲を困惑させた。結局、懇談会では交渉を継続して日本側対案を打電することが決まったが、松岡は対案をそっちのけにしてオーラル・ステートメントの撤回要求電のみを送ろうとした。

近衛首相は松岡と意思疎通ができないことに以前から憔悴《しょうすい》していたが、たび重なる松岡の独断行動に、ついに内閣総辞職を決断する。

第三次近衛内閣組閣と南部仏印進駐

明治憲法体制では、首相に閣僚の任免権はない。もちろん説得して本人が了解すれば可能だが、首班への意欲すら洩《も》らしていた松岡が（『木戸幸一日記』下巻、東京大学出版会、一九六六年）応ずるはずもなかった。七月十六日、第二次近衛内閣は総辞職し、翌十七日、近衛に組閣の大命が下された。十八日に成立した第三次近衛内閣は外相に穏健派の豊田貞次郎《とよだていじろう》海軍大将を迎え、アメリカとの関係改善に舵《かじ》を切ったかに見えた。ところが、発足直後に実施した南部仏印進駐によって、事態は急変する。七月二十五日、アメリカが在米日本資産の凍結に踏み切ったのである。

後世からは自明に思えるアメリカの強硬な反応も、当時としては予想外だった。南部仏印進駐がアメリカとの関係を悪化させるのではないかという懸念はあったものの、杉山元《すぎやまはじめ》参謀総長が七月二日の御前会議で説明したように（参謀本部編『杉山メモ』上巻、普及版・新装版、原書房、一九九四年）、タイ（イギリスとの関係が深く英領マレーと国境を接している）には触れずに仏印のみにとどめるわけだから、そこまで反撥はないだろうというのが大方の見方だった。

そして、凍結令が禁輸を意味するわけでもなかった。ローズヴェルト米大統領は、資産凍結しても全面禁輸にならないと二十四日の閣議で説明し、現に石油輸出のライセンスも発行されたからである。しかし結果的に、石油は一滴も日本に渡ることはなかった。日本国内の石油備蓄は平時で二年、戦時で一年半分しかなかった。戦えるうちに資源地帯を武力で占領すべしという意見が擡頭《たいとう》する。じり貧論である。海軍が対米戦の前提条件とした「自存自衛」の危機が、現実となってしまったのである。

全面禁輸と日米巨頭会談

とかく優柔不断と評される近衛だが、危機に際して断固たる行動に出た。ローズヴェルトと直接会って打開を図る日米巨頭会談を提案したのである。近衛の並々ならぬ決意に、正面から反対できるものはいなかった。近衛は、ローズヴェルトとの合意が成立したら天皇にすぐに裁可を貰《もら》うことで、陸軍に代表される国内の反対勢力の介入を避けようとした。そのためには、まずはローズヴェルトを会談の場に引っ張り出さねばならない。近衛の申し入れに対し八月二十八日、ローズヴェルトが会談場所にも言及するなど好意的反応を示したことが伝えられる。日本側では随員の選定や船の準備があわただしく進められた。

フランクリン・ローズヴェルト米大統領

帝国国策遂行要領と近衛内閣の崩壊

陸軍、特に参謀本部では、近衛がアメリカに過大な譲歩をして、陸軍を抑え込むのではないかという懸念が広がった。海軍では中堅層以下に武力南進の気運が盛り上がっていたが、首脳部は対米戦に消極的だった。しかし、万一に備えるには、海軍戦備の充実は不可欠である。海軍はすでに八月十六日、戦備充実を骨子とする「国策」案を陸軍側に提示していた。それは、外交が失敗した場合「実力ヲ発動」との文言はあったものの、上層部の意向で開戦決意や武力行使の対象については曖昧《あいまい》な内容だった（前掲『機密戦争日誌』上巻）。しかし、陸軍は、これを機に「国策」を対米戦に引きずり出したのである。

九月六日、十月上旬頃までに日本の要求が達成する目途《もくと》がなければ対米（英、蘭）戦を決意するとする「帝国国策遂行要領」が御前会議で決定された。交渉期限は石油の減少に加え、翌年春までに南方作戦を完了して対ソ攻勢に備えるために逆算して設定された側面もあった。対米条件には、中国からの撤兵を阻止したい参謀本部の希望が盛り込まれた。このような強引なやり方に、昭和天皇は御前会議の席で明治天皇の御製の歌を読み上げて不快感を示したのである。政府と統帥部は、まず外交努力を尽くすことを表明せざるを得なかった。問題は、どこまで譲歩すれば外交努力を尽くしたことになるかだった。実は、陸軍の要求と同時に外交努力を可能とする決定も連絡会議でなされていた。交渉推進派は、それを拠り所に、陸軍の要求をすり抜けようとしたのである。

しかし、最大の難関は、アメリカが巨頭会談に乗ってくるかどうかだった。米政府内の対日強硬派は、巨頭会談にメリットはないとローズヴェルトを説得した（もちろん対日強硬派は、切羽詰まった日本が直接アメリカを攻撃してくるとは思ってもおらず、成果がなかった場合の米国内世論の政権批判を懸念していた）。このため、米側は事前に条件の細部を詰める方針をとる。これでは、陸軍の影響力を排除できない。

十月三日、巨頭会談を拒否する米側回答が到着。近衛首相、豊田外相、及川古志郎《おいかわこしろう》海相は翌日の連絡会議で対米条件緩和を主張するが、東条陸相は拒否。陸海軍の統帥部長も期限の遵守を主張した。東条は九月の御前会議決定に瑕疵《かし》があったのなら政府・統帥部の責任者全てが辞職すべしと主張し、十四日の閣議で経過を暴露した。東条の「撤兵問題ハ心臓」であり、満洲《まんしゅう》ひいては朝鮮統治も「危クナル」という言葉に、大陸権益なしでは日本は立ち行かないとの認識が窺《うかが》える。それは当時の日本人の常識でもあった。

結局、近衛は戦争・外交いずれをも決せず、そして瑕疵を認めることもなく、内閣を投げ

東条内閣（1941年10月18日）．最前列左より賀屋興宣蔵相，鈴木貞一企画院総裁，東条英機首相，嶋田繁太郎海相
出所：毎日新聞社．

出した。後継内閣組閣の大命は東条に降下した。

東条内閣と国策再検討

天皇は東条に組閣を命じた直後、陸海両相に国策の再検討を命じた。東条は、陸軍の組織的利害の代表から、日本全体の舵取りをする立場へと祭り上げられたのである。

彼はすぐさま国策再検討を開始した。参謀本部は、再検討の御諚は政府に対してなされたものなので、再検討は不要との立場をとった。内閣の閣僚のうち、東《とう》郷茂徳《ごうしげのり》外相、賀屋興宣《かやおきのり》蔵相が開戦に反対であり、嶋田繁太郎《しまだしげたろう》海相、鈴木貞一《すずきていいち》企画院総裁も、当初は戦争を避ける立場だった。しかし、二十三日から十一月一日深更まで続いた再検討の結果、嶋田と鈴木は開戦容認に転じ、最終的には賀屋と東郷も了承する。再検討での議論をかいつまんで見ていこう。

当時の日本の選択肢は三つあった。①武力で蘭印の資源地帯を占領する、②外交交渉で英米の禁輸解除にこぎ着ける、③何もせずに事態の推移に任せる（臥薪嘗胆《がしんしょうたん》）。

①の議論は、蘭印の資源を日本に輸送して国力を維持できる見込みがなければ成立しない。輸送ルートの横腹をフィリピンとグァム（米領）にさらすため、戦争相手を英蘭のみにとどめようとしても、アメリカから攻撃されれば戦略構想は水泡に帰す。このため米英蘭三国と戦争せざるを得ない。さらに、資源輸送を担う船舶の量が維持できるかが最大の懸案だった。結局、造船量が増え、損耗《そんもう》量は三年目から減少するという楽観的な予測が出された。これを根拠に持久戦は可能という結論が導かれ、嶋田と鈴木も賛成に転じた。

②は日本が中国からの撤兵問題で大幅に譲歩しない限り見込みはなかった。東郷外相は前内閣よりも譲歩した案（甲案）をまとめたが、それでも譲歩は小幅で成立の望みは薄かった。彼はやむなく暫定構想である乙案（仏印からの撤兵と禁輸解除のバーター案）との二段構えで打開をめざす。しかし、外交交渉は相手次第である。この選択肢も希望的観測に依拠していた（森山〔二〇一二〕）。

もちろん③臥薪嘗胆という選択肢もあった。しかし、二年後に石油が確実に枯渇し、その時点で攻められては抵抗することもできない。だからといって、アメリカが必ず攻めてくるわけではない。十一月一日の連絡会議で、永野修身《ながのおさみ》軍令部総長と東郷・賀屋の間で激論が繰り広げられた。永野は勝算については明言せず、直ちに戦争したほうが有利と繰り返すだけだった。起こるかどうかわからない戦争に怯《おび》えた悲観的観測が、目前の戦争を引き寄せたことになる。

戦局の見通しと選択の論理

海軍は、戦局をどのように見通していたのだろうか。永野は、日露戦争のような決戦は起こらず長期戦と化し、勝敗は形而上下の国家総力と国際環境によって決まると説明している（前掲『杉山メモ』上巻）。形而下、つまり物量でアメリカを上回ることができないのは明白なので、精神力（形而上）と神頼み（環境の好転）しかないことになる。統帥部の長として正直とはいえ無責任な態度であり、とても戦争を有利とする判断の根拠にはなりそうもない。しかし、実際は永野の主張通りに、日本は開戦へと突き進んだ。なぜだろうか。

一つは、臥薪嘗胆には明るい展望がなく、いわば損を確定してしまうからである。我々は現実に起こった敗戦による損害を知っているため、その結果と比較すれば、臥薪嘗胆がベターな選択と判断できる。しかし、臥薪嘗胆で戦争を回避すると、損害はそもそも発生しないため、そうは評価されにくい。逆に、石油が枯渇していくに従って、あの時だったら戦えた筈《はず》と非難される可能性すらある。それに引き替え、外交と戦争は、わずかながらも希望を与えてくれる選択肢だった。しかし、それは甘い見通しと粉飾に満ちた数字、つまり希望的観測を根拠としていたのである。

永野は議論の過程で三年後は不明（正確には三年目＝二年後）と繰り返すのみで、それ以降の見込みを語ることはなかった。三年目にはアメリカが現状よりも圧倒的な戦力を整備して反撃してくることは容易に想像できた。しかし、その直前で思考を停止し、自らに都合がいい未来像のなかに、彼らは閉じこもってしまったのである。損を防ごうと焦ると、人は期待値よりはるかにリスキーな投機的選択をしがちであるという研究成果もある（牧野〔二〇一八〕）。対米開戦を、我々とは異質な思考様式を持つ者たちによる愚かな選択と、単純に片付けるのは難しい。

永野修身軍令部総長

敗戦の結果と教訓

敗戦により、日本は明治以来営々と獲得してきた植民地と大陸権益を喪《うしな》った。さらに、中国の共産化は、近代において日本資本主義の発展を支えてきた市場と原材料供給地が、「竹のカーテン」（アジアにおける共産主義陣営と反共産主義陣営との境界線）の向こうに消えていったことを意味する。そして荒廃した国土に多くの兵士と民間人（約六六〇万人）が帰還してきた。しかし、日本はその後、植民地も大陸権益もない状況で、未曾有《みぞう》の経済発展を遂げた（田中宏巳『復員・引揚げの研究——奇跡の生還と再生への道』新人物往来社、二〇一〇年）。

これは歴史の後知恵《あとぢえ》だろうか。必ずしも、そうとは言えない。東郷外相は再検討の過程で、米側条件を少し緩和すれば何でも好転すると主張している（前掲『杉山メモ』上巻）。しかし、彼の主張に耳を傾ける者はいなかった。大陸権益を喪えば日本は「三等国」になるというのが、東郷以外のメンバーの認識だった。長期的な視野に立ち、過度に悲観も楽観もしない、そのような人材が政策決定の中枢に欠けていたのである。そして、そのことが何をもたらしたのか。想像を絶する犠牲をはらった戦争の結果から、引き出すべき教訓は多い。

【さらに詳しく知るために】

牧野邦昭『経済学者たちの日米開戦——秋丸機関「幻の報告書」の謎を解く』新潮選書、二〇一八年

日本屈指の経済学者が集められた秋丸機関が、なぜ戦争を防げなかったのか。その「幻の報告書」の実像を示し、経済学者の戦後まで俯瞰《ふかん》した。

北岡伸一「太平洋戦争における「目的」と「争点」」『門戸開放政策と日本』東京大学出版会、二〇一五年

日米の対立は双方の原則に関することだけだったと指摘。具体的な利害対立がなかったがゆえに、交渉による解決が困難となったとの考察は重要。初出は細谷千博他編『太平洋戦争』東京大学出版会、一九九三年所収。

森山優『日本はなぜ開戦に踏み切ったか――「両論併記」と「非決定」』新潮選書、二〇一二年

当時の日本の複雑な政策決定システムの特徴を、「両論併記」「非決定」という概念で分析した。一九四一年七月末の在米日本資産凍結以降の時期を対象としている。

森山優『日米開戦と情報戦』講談社現代新書、二〇一六年

一九四〇年末からのタイ・仏印施策と南部仏印進駐の決定過程を、松岡洋右を軸に分析。加えて開戦をめぐる日米の情報戦《インテリジェンス》も実証的に解明した。

第9章　米国の日本占領政策とその転換

楠　綾子

はじめに

イラク戦争を敢行したブッシュ（子）政権は、戦後イラクの国家建設のモデルケースとして日本占領を想定していたという。ジョン・ダワー『敗北を抱きしめて』（原著は一九九九年刊行。岩波書店からの邦訳初版は二〇〇一年）が描き出したように、かつての敵国、軍国主義の日本を民主的な平和国家へと生まれ変わらせた米国の日本占領は、米国にとっては偉大な成功物語であった。これに対して、たとえば「戦後レジームからの脱却」という理念が掲げられるとき、その前提には占領が日本固有の文化や伝統、本来あるべき姿を歪《ゆが》めたという批判が存在しているように思われる。二つの「大きな物語」は相互に自己完結的な世界を構成しているようである。

他方で、両者に通底しているのは、敗戦から対日講和条約の発効まで、およそ六年八ヵ月にわたる連合国の占領が、近代日本の構築してきた政治、経済、社会システムに劇的な変化をもたらしたという理解であろう。両者の相違は、「変化」をどの角度からみるか——あるいは日本の近代をめぐるいかなる言説のなかに置くか——の違いにすぎない。「変化」を大きな物語に回収する前に、変化の実相と構造的要因に目を向けたとき、どのような日本占領像がみえるだろうか。本章では三つの視点を提供したい。

ドイツとの比較のなかで

第二次世界大戦後の国際秩序は、その出発点に日本やドイツなどの枢軸国、および枢軸国から解放された諸国・地域の占領をともなった。なかでも連合国の戦後構想において、永続的な平和と安定の基礎に位置づけられたのが日独の占領であった。ただ、日本とドイツの占領は、その実施方法において二つの点で大きく異なっていた。

第一に、ドイツが米英仏ソそれぞれを管理者とする四地区に分割され、地域ごとに軍政府が置かれたのに対して、日本は、沖縄、小笠原群島と北方領土を除いて連合国軍最高司令官総司令部（GHQ／SCAP：General Headquarters of the Supreme Commander for the Allied Powers）の権限の下に置かれた。最高司令官には米太平洋陸軍総司令官マッカーサー

(Douglas MacArthur) が任命された。本土に展開した連合国軍はその大半を米軍が占めた。さらに、占領政策の主導権は米国政府が握っていた。形式的には、米英ソ中ほか主要な交戦国一一ヵ国（一九四九年秋以降は一三ヵ国）で構成される極東委員会（FEC：Far Eastern Commission）が日本占領の最高意思決定機関であり、東京にはマッカーサーの諮問機関、対日理事会（ACJ：Allied Council for Japan。米、英連邦、ソ、中で構成）が設置されていた。しかし、米国政府はFECで拒否権、または緊急時における中間指令権を発動することによって、その政策意図を貫徹することがほぼ可能だったのである。

ヨーロッパ戦線とアジア太平洋戦線の展開の違いもさることながら、ドイツが連合国軍との地上戦の果てに崩壊したのに対して、日本の場合は本土決戦の前にポツダム宣言を受諾するという形で降伏したことが、この占領形態の相違を生み出した。受諾のタイミングがもう少し遅れていたら、日本列島北部はソ連軍の侵攻にさらされ、日本は物理的に分割占領を免れなかったであろう。

やがて冷戦の深刻化とともに、東西の占領地域の境界線が固定化してドイツが分断国家となったことは周知のとおりである。それに、ドイツにおいては四ヵ国の政策調整が建前はともかく実際には困難で、往々にして占領地域ごとに管理国それぞれの利害を反映した別個の占領政策が展開された。日本については、当初から間接統治方式が採用されたこともあって、日本政府を通して画一的に占領政策を実施することが可能だった。日本は実質的に米国の単独占領の下に置かれたことによって、国家としての一体性をおおむね維持できたと考えられる。

第二に、連合国軍最高司令官と米太平洋陸軍総司令官を兼任するマッカーサーは、占領行政機関とこれを支える強制力の両方の頂点に立つ存在であり、すべての権限が彼に集中していた。米国のドイツ占領が、占領行政を統括する軍政府と駐独米軍司令部の役割分担が明確ではなく、半年以上も占領行政の中心を欠いたこととは対照的である。そのうえ、マッカーサーは、軍国主義の日本を民主的な平和国家に生まれ変わらせることが神から与えられた崇高な任務であるという強烈な使命感をもっていた。そしてすぐれて政治的な軍人であった。昭和天皇に敬意をもって接しながらも、自らは天皇を含む日本の統治機構の上に立つ権威であることを日本国民に明確に――しかも早い段階で――理解させたという事実は、彼の政治感覚の鋭さをあますところなく物語っている。毀誉褒貶《きよほうへん》の多い人物ではあるが、日本占領が大きな混乱なく実施されたのは、マッカーサーという存在に負うところが大きい。

占領改革の特徴

第二次世界大戦までの国家間戦争において、勝者が賠償の取り立て、あるいは武装解除や非武装化の監視のために敗者の国土の一部を占領することはあっても、敗者の国家を改造するという発想はほとんどなかった。ハーグ陸戦条約（一九〇〇年発効、一九〇七年改定）では、占領者は絶対的な支障がないかぎり、占領地の現行法律を尊重する義務が規定されている。占領国が被占領国の国家体制の改造もしくは建設を強制するのは、第二次世界大戦期のあたらしい現象であった。

これはひとつには、連合国が枢軸国に対して無条件降伏方針をとったことの必然的な結果であった。ポツダム宣言を受諾して降伏した日本について、「無条件降伏」したのか否か、解釈は分かれるけれど、連合国の提示した条件を日本政府が無条件で受け入れたという意味において無条件降伏だったとみなすことが適当だと思われる。ポツダム宣言は第七項で「右の如《ごと》き新秩序〔平和、安全及正義の新秩序――筆者註〕が建設せられ且《かつ》日本国の戦争遂行能力が破砕せられたることの確証あるに至るまでは連合国の指定すべき日本国領域内の諸地点は吾等《われら》の茲《ここ》に指示する基本的目的の達成を確保するため占領せらるべし」（外務省訳、新字体・現代仮名遣いに修正）と明記し、第八項以下で改革の基本的な方向性を示した。ポツダム宣言は占領改革の法的根拠を提供したといってよい。

もうひとつ考慮する必要があるのは、イデオロギーが国際政治を動かす要素としての重要性を増したという現象であろう。ソ連がナチス・ドイツから解放した東欧諸国とドイツ占領地域に共産主義政権を樹立したのは、十九世紀以降二度にわたって地続きのヨーロッパから自国領内深くまで侵入された経験に発する、根深い恐怖と不安に突き動かされた結果であった。日本占領政策も半ば以降は、共産主義に脆弱《ぜいじゃく》ではない国家を建設するという目標が優先されるようになった。連合国の占領は、冷戦という体制選択をめぐる争いの一部を構成していたのである。

ポツダム宣言に挙げられた改革のメニューは、大日本帝国陸海軍の解体（第九項）、戦争犯罪人の処罰と言論、宗教および思想の自由、基本的人権の確立（第一〇項）、軍需産業の禁止と将来的な世界貿易への参加（第一一項）である。以上の非軍事化・民主化改革を通じて、米国政府は日本が二度と国際秩序に挑戦する国家とならないようにその戦争遂行能力を破壊するとともに、軍国主義の温床となった封建的な政治、経済、社会システム――米国の観点からみて――を自由で民主的なシステムに改造することを意図していた。占領開始とともに軍隊の解体（一九四五年十二月、陸海軍省廃止）や戦争犯罪人の逮捕（一九四五年九月～）、公職追放（一九四六年一月、公職追放指令）といった非軍事化の強制執行が始まり、やや遅れて国家システムの改革、民主化改革が続いた。

民主化を実現するための諸改革は、プロセスに注目すると大きく三つに類型化することが可能である。第一類型は、日本政府による自発的な取り組みがほぼ貫徹された改革であり、婦人参政権を認めた選挙法改正（一九四五年十二月）や国際水準に到達した労働組合法の制定（一九四五年十二月）がその典型として挙げられよう。

これとは対照的に、GHQが日本政府に強制した改革は、たとえば財閥解体（一九四五〜四七年）や独占禁止法（一九四七年四月）、過度経済力集中排除法（一九四七年十二月）だった。米国からみて、持ち株会社と特定の家族を中心とする企業の複合体たる財閥は、農村における地主と同じく日本社会の封建制を象徴する存在であった。しかし、農村の貧困が日本経済全体の隘路《あいろ》になっているという現実から、地主の権利抑制と小作人の地位向上の必要が少なくとも農林省の開明的官僚の間で認識されていたのとは異なり、財閥を経済社会上の問題としてとらえる視点は日本政府にはほとんどなかったのである。信教の自由の保障と「国家神道」の廃止、これにともなう神社の宗教への再編成（一九四五年十二月、神道指令）も、この第二類型に分類されるだろうか。

第三類型は上記二つの中間、すなわち日本政府が自発的に、もしくはGHQの意向を受けて改革に着手するが、途中でGHQが介入して急進化した改革である。憲法改正（一九四六年十一月、新憲法公布）はその代表例であろう。このほか行政機関に対する国会の優越を規定した国会法（一九四七年四月公布）、農地改革（一九四六年十月、農地調整法改正法・自作農創設特別措置法公布）、最終的には内務省の解体に帰着する地方自治（一九四七年四月、地方自治法公布）や警察権力の分権化（一九四七年十二月、警察法公布）、さらに教育改革（一九四七年三月、教育基本法・学校教育法公布・施行）など多くの改革がこの第三類型に属する。

日本の「近代」を考えたとき、占領改革には歪められた近代の矯正《きょうせい》、あるべき近代の完成という意義が与えられるかもしれない。総力戦体制下で経済、社会システムの変革が進んでいたという事実に注目すれば、民主化改革によって日本が大きく変わったわけではないという議論になるであろうし、あるいは米国の日本占領がなくてもいずれ改革は実現していたという議論も成立する。日本近現代史研究の蓄積のうえに構築されてきたこれらの議論は、長期的な視点に立って占領改革の意味を考察するうえで示唆に富んでいる。他方で、非軍事化・民主化改革は跛行《はこう》的で、破壊力は分野によって異なるように思われる。また日本社会にシステム変革の方向性が内在していたとしても、あの時期にあのような形で改革が実現したことが戦後の日本の政治、社会、経済の現実をつくったのであり、それを可能としたのが連合国の日本占領であったという厳然たる事実から目を背けるべきではないであろう。

非軍事化・民主化改革から経済復興へ

占領期の六年八ヵ月は、一九四七年から四八年にかけての時期を境に前後二期に区分することができる。前半は非軍事化・民主化改革の遂行が重視された時期であり、主要な改革は占領開始からおよそ二年間に集中している。これに対して後半は、日本経済の安定と復興に重点が置かれ、やがて講和・独立へと向かう時期であった。

占領後期以降、それまでの非軍事化・民主化改革がめざしていた方向とは異なる政策が展開される過程は、しばしば「逆コース」と呼ばれてきた。日本経済の再建プログラムが国家権力の強化をともなったために、自由で民主的な方向性が失われた、もしくはこれに逆行したという批判を含意した表現であろう。そして占領政策の転換は東西冷戦の深刻化と軌を一にしていたから、転換の過程と日本が西側世界の一員に組み込まれる過程は一体化して理解された。「逆コース」から講和・独立に至るおよそ四年の間に日本の対米従属関係が確定し、戦後日本は米国の冷戦戦略上のジュニア・パートナーとなったという見方がここから生まれることになった。

米国の日本占領政策の文脈から占領後期をみれば、「逆コース」という性格づけは必ずしも適当ではない。まず、非軍事化・民主化改革から経済復興への移行は、戦時期に米国政府内で日本占領政策が立案される段階で想定されていたプロセスであった。ポツダム宣言第一一項が「日本国は将来世界貿易関係への参加を許さるべし」と明記していることも想起したい。一九四七年末までに主要な非軍事化・民主化改革は終わっていたから、冷戦があろうとなかろうと、米国は経済の安定・復興路線へと舵《かじ》を切っていたであろう。

加えて、米国の納税者負担を軽減するという要請も働いた。日本に展開する陸上部隊は、一九四八年段階では当初の約四分の一、一〇万人に縮小していたものの、占領経費は米国政府にとって小さくない負担だったのである。日本の経済的自立を促す方向に政策が動くのは自然であったろう。ここにもイデオロギー的意味はほとんどない。

ただ、占領政策の転換が、ヨーロッパにおいてもアジアにおいても冷戦が深刻化する時期と重なったことは事実であった。そして、転換を根拠づけた米国政府の対日政策（国家安全保障会議〔NSC〕文書、一三／二、一九四八年十月決定）はまぎれもなく米国の冷戦戦略、封じ込め政策の産物であった。そのために政策転換はイデオロギー的意味を帯び、アジア冷戦の一環として理解されたのである。

国務省のソ連専門家、ケナン（George F. Kennan）が主導した封じ込め政策は、ソ連共産主義との協調の不可能を前提とし、共産主義の軍事的脅威に力で対抗する必要を説きつつも、西側諸国が自由民主主義的な価値に基づく健全な社会を維持することによって、ソ連を長期的に崩壊に追い込み西側との対話に導くことをその中心的概念としていた。このなかで、日本は西欧とともに共産化を阻止すべき地域として位置づけられていた。ユーラシア大陸の東、アリューシャン列島からフィリピンに至る列島線を構成するという戦略的位置に加えて、日本の潜在的工業力がソ連共産主義の手に渡れば米国に対する重大な脅威になりかねないと考えられたためである。したがって、共産主義に対して脆弱ではない、政治的、社会的、経済的に安定した日本の建設が、米国の冷戦戦略上の利益となる。こうした観点から、国務省では一九四七年夏ごろから翌年にかけて、従前の非軍事化・民主化改革を中心とする対日政策が再検討された。その成果がNSC一三／二であった。

NSC一三／二に沿って、米国政府は一九四八年十二月に均衡予算、物価の統制、賃金の安定などを内容とする「経済安定九原則」を発表した。翌四九年二月にはデトロイト銀行頭取のドッジ（Joseph M. Dodge）を派遣し、吉田茂《よしだしげる》内閣を指導して経済安定化の諸政策を実行させた。一九四九年度予算は、一般会計はもとより特別会計や政府関係機関を含めた総予算の均衡、輸出補助金や復興金融公庫の新規貸出停止など補助金・補給金の廃止または削減、公共事業費や失業対策費の削減などを内容とする超均衡予算となった。こうしてインフレ抑制の措置を施したあと、一ドル＝三六〇円の単一為替レートが設定された。ドッジ・ラインと呼ばれた一連の政策によって、占領下の日本を苦しめたインフレは急速に収束へと向かうことになる。各種補助金や政府系金融の融資、二重三重の為替レートによって手厚く保護された経済システムにメスを入れたことは、財政を健全化しインフレ要因を排除するとともに、企業の合理化を促進して国際競争力を養うという効果をもたらした。

日本の生産能力の極小化を意図した賠償政策の緩和（一九四九年五月、米国政府は賠償打ち切りを声明)、食糧や医薬品などの救済物資に加えて工業原料や機械類も対象とするガリオア・エロア援助の開始、民間貿易の限定的再開、さらに経済民主化政策の中核にあった集中排除政策の緩和や独占禁止法の改正なども、一九四七年から四九年にかけて実施された。いずれも日本経済の復興を促し、自立的な経済運営に向けた環境を整備するための施策だった。賠償の緩和方針は最終的に講和条約にも反映され、日本は原則として賠償の責任を課されなかった(東南アジア諸国に対しては役務《えきむ》賠償が実施されることになった)。ガリオア・エロア援助に始まる米国からの各種の援助は、このあと一九五〇年代を通じて日本経済を支える不可欠の要素となる。

よく知られているように、ドッジ・ラインはインフレの鎮圧を通り越して安定恐慌状態を生み出し、一九四九年夏から秋にかけての時期は、下山《しもやま》事件などの怪事件や大型台風の襲来とあいまって社会不安が増大した。日本経済がデフレから脱出して一息つくのは朝鮮特需を待たねばならない。経済が安定的な成長軌道に入るのはようやく一九五〇年代後半であり、脆弱な日本経済という問題は占領終結後も米国の対日政策を拘束しつづけた。占領後期の米国の政策転換が日本の経済的安定という目標を実現するまでには時間を要したのである。

ただ、当時の吉田内閣がドッジ・ラインという外科手術的療法に堪《た》えたことは、米国の対日政策において重要な意味をもったと考えられる。経済安定化政策は、日本経済にとって長期的に必要だが短期的にはほとんどだれの利益にもならず、むしろ不利益を被る人間が大量に発生するという政策であった。GHQという絶対的権力者が背後に控えていたとはいえ、政治不安を招くことなくこの不人気な政策を遂行するだけの意思と能力は、米国からみれば共産主義に対する内在的な抵抗力が日本に存在することのたしかな証明であった。西側の一員として日本を育成するという米国の長期的目標が、民主主義的政治制度の下で育った政治勢力によって支えられ得ることを明らかにしたのが、占領後期だったといえるであろう。

日本占領をどう評価するか

占領期のさいごのおよそ一年間、吉田内閣は占領改革の一部修正に着手した。警察法の改正（一九五一年六月）や破壊活動防止法など治安三法案（一九五二年七月、可決・成立）は、分権化され弱体化した警察権力の強化を企図した措置であった。また、政令諮問委員会による各種法令の再検討作業を踏まえて、現状に合わない、あるいは日本の風俗習慣に適合しない諸政策を是正することにも意欲を示した。改進党（一九五二年二月結成）や鳩山一郎《はとやまいちろう》の一派など吉田に対抗する保守系勢力は、占領改革の全面的再検討および国情、国力に適合しない諸制度の是正を講和後の政策に掲げた。

独立によって連合国軍という強制力が失われるなかで、日本政府が政治的、経済的、社会的安定を維持するためには、中央政府の力を強めることが必要だったという側面がある。加えて保守系諸勢力、なかでも戦犯指定を受けた、あるいは公職追放にあった人びとにとって、占領期に生み出された諸制度は日本の実状を無視して米国が押しつけたものであり、真の独立を回復するためには一刻も早く改められなければならなかった。憲法改正は最重要の政治課題として設定された。対日講和が成立し主権を回復したあとも、経済的にも安全保障上も米国に依存せざるを得ない国力の現実は、いっそう占領改革という桎梏《しっこく》からの解放を求める方向に作用した。だから講和後の一九五〇年代、「真の独立」「自主独立」ということばは磁力を帯びて政治空間を飛び交ったのである。

だが、非軍事化・民主化改革で示された方向性が基本的に変わることはなかった。占領改革の成果は対日講和条約・日米安全保障条約とともに、一九五〇年代以降の日本の政治・外交の基本的枠組みとなっていった。なぜ「体制」となったのか。

自由で民主的な改革の受益者が多かったということであろう。占領改革は総合的にみて、政治、社会、経済における自由度を高めるとともに、富の偏在を強制的に是正し平等化を進める効果をもった。自由と平等の実現が長期的には統治の正統性と社会の強靭《きょうじん》性を高めたことは間違いない。そして、GHQの占領政策に戸惑いや共感や反撥《はんぱつ》を覚えつつ、自己の、そして日本の生存のために日々格闘する人びとは、占領改革がつくりだした規範やルールを内面化し、あらたな既得権益層となる。占領改革から排除され、改革の諸成果になんの忠誠心ももたない人びとも、権力闘争というゲームに参加するためにはあたらしいルールに適応しなければならなかったのである。

【さらに詳しく知るために】

雨宮昭一『シリーズ日本近現代史7　占領と改革』岩波新書、二〇〇八年
戦時期から戦後期にかけての「体制」を研究してきた著者による占領改革論。総力戦体制のなかにみられた改革の萌芽を重視している。

五百旗頭真『占領期——首相たちの新日本』講談社学術文庫、二〇〇七年
敗戦、占領、講和という重大な局面に際して日本政府がどのように対応したのかを、占領期の五人の首相に焦点を当てて検討している。

板橋拓己『アデナウアー——現代ドイツを創った政治家』中公新書、二〇一四年
「吉田茂、鳩山一郎、岸信介、池田勇人らの役回りをすべて担ったような存在」であるアデナウアーの内政、外交の実相を明らかにする。日本の占領、戦後を国際比較で考える視点を提供している。

楠綾子『現代日本政治史1　占領から独立へ——1945〜1952』吉川弘文館、二〇一三年
米国主導の占領改革、経済危機、冷戦と講和に政治諸勢力がどのように対応したのか、そのなかで戦後の政治システムがどのように形成されたのかを描いている。

福永文夫『日本占領史1945−1952——東京・ワシントン・沖縄』中公新書、二〇一四年

第９章　米国の日本占領政策とその転換

非軍事化・民主化改革が、やがて冷戦のなかで「反共親米」国家として日本を育成する政策へと転換し、講和へと帰結する過程を描く。沖縄の視点を含めた点が新しい。

第10章　東京裁判における法と政治

日暮吉延

A級戦犯とは何か

東京裁判（正式名称は極東国際軍事裁判、一九四六年五月三日～一九四八年十一月十二日）は、第二次世界大戦後、戦勝国の連合国一一ヵ国（アメリカ、イギリス、中華民国、ソ連、フランス、オランダ、カナダ、オーストラリア、ニュージーランド、インド、フィリピン）が敗戦国日本の指導者二八名を告発し、審理した戦争犯罪裁判である。その先行事例として、ドイツで米英仏ソ四ヵ国がナチ指導者を裁いたニュルンベルク裁判（国際軍事裁判、一九四五年十一月二十日～一九四六年十月一日）がある。

東京裁判は「昭和の戦争の帰着点」であり、「戦後思想の出発点」であった。それゆえ、この裁判をめぐっては、二つの善悪二元論が長らく対立してきた。一つは、侵略や残虐行為に責任を有する日本の野蛮な軍国主義者が裁かれるのは当然だとする「文明の裁き」論（肯定論）。もう一つは、処罰の根拠や公平性において報復的だとする「勝者の裁き」論（否定論）である。

日本と連合国のどちらに「正義」を見るかの違いであるが、いずれの見方も単純明快でわかりやすいから、人々を惹《ひ》きつける。そして検察側と弁護側の論戦をなぞるように、両者は正面衝突する。A級戦犯一四名の靖国神社合祀《ごうし》（一九七八年）にしても、東京裁判を全面否定するためのいわば精神的施策であった。東京裁判への注目度は時期によって変わるけれども、裁判について冷静に議論するのは、まだまだ難しい。

こうした状況で、私は、東京裁判を「文明の裁き」と「勝者の裁き」の両面を兼ね備える「国際政治の政策」と捉《とら》え、二者択一は誤りだと主張してきた。本章でも、同様の視角から、東京裁判に関するいくつかの論点を政治史的に検討してみたい。

まず、A級戦犯（**class A war criminals**）とは何か、という問題から始めよう。今日のマス・メディア等が用いる「戦犯」という言葉は「敗北や失敗の責任者」を意味する。しかし、これは本来の語義とは違う。正しくは、ニュルンベルクと東京の国際軍事裁判が管轄した三つの戦争犯罪、すなわち、①侵略戦争の計画、開始等を国際犯罪とする「平和に対する罪」（A級犯罪）、②伝統的な戦争法規慣例に違反する「通例の戦争犯罪」（B級犯罪）、③一般住民に対する非人道的行為や迫害を国際犯罪とする「人道に対する罪」（C級犯罪）のうち、A級の「平和に対する罪」で起訴された者が「A級戦犯」と呼ばれた。しかも東京裁判では「平和に対する罪」の起訴が必須《ひっす》条件とされたので、簡単にいえば、A級戦犯とは「東京裁判の被告人」という意味なのである（ドイツでは「A級戦犯」という呼称は使われなかった）。

新しい戦争犯罪の成立

三つの戦争犯罪のうち、②「通例の戦争犯罪」は伝統的に処罰が認められてきたものだが、①「平和に対する罪」と③「人道に対する罪」は第二次世界大戦の末期につくられた新しい犯罪、つまり事後法である。どうやって事後法は創設され、国際軍事裁判が成立したのだろうか。

一九四一年八月十四日、アメリカ大統領フランクリン・ローズヴェルトとイギリス首相ウィンストン・チャーチルの二人が発した「大西洋憲章」には、「ナチ専制国家を最終破壊」するとの戦後構想が示されている。ドイツの国家を改造する、というのである。

さらに二ヵ月後の十月二十五日、チャーチルが「ナチの残虐行為」を戦犯処罰することを連合国の戦争目的にしようと訴え、それが連合諸国の支持を得た。ローズヴェルトも含めて、連合国指導者たちは、ナチ指導者を除去することでドイツを平和的国家に改造しようと考えた。こうして第二次世界大戦後の戦犯処罰は、連合国の占領改革＝国家改造に組み込まれ、それゆえ大がかりなものとなったのである。

ただし当時の処罰対象は、開戦ではなく、ナチの残虐行為であった。さらに、どのように裁くのか、も漠然としていた。それらが具体化したのは、一九四四年秋のことである。

同年六月のノルマンディー上陸後、連合国の勝利が確実視され、アメリカは戦後処理計画に本腰をすえた。そして、アメリカ財務長官ヘンリー・モーゲンソーがナチ指導者の即決処刑を主張した。容疑者本人を確認したら、即刻、銃殺する、というのである。今日から見ると乱暴すぎる方法のようだが、ローズヴェルト大統領でさえ当時は理解を示していた。

このモーゲンソーの即決処刑論は、イギリスの構想を借りたものであった。イギリスは、デイヴィッド・マックスウェル＝ファイフ法務総裁が「ナチスの宣伝」と連合国側の「行動が法廷で審理される」事態を「避けねばならない」と赤裸裸《せきらら》に語ったように、裁判方式に反対し、即決処刑方式で戦犯問題を短期のうちに解決しようと考えていた（法務大臣官房司法法制調査部訳『R・H・ジャクソン報告書』一九六五年）。

しかし即決処刑は野蛮な中世の方法だとしてモーゲンソーを厳しく批判したのが、アメリカ陸軍長官ヘンリー・スティムソンである。「ナチ指導者全員……を徹底的に逮捕、捜査、裁判」するという「文明」的な裁判方式こそが、ナチの邪悪《じゃあく》な犯罪を公的記録に残し、ドイツ国民に思い知らせることができると述べた（Department of State, *Foreign Relations of the United States, Conference at Quebec, 1944*, U. S. Government Printing Office, 1972）。「文明の裁き」の本質は何よりも「即決処刑の否定」なのである。

結局、スティムソンの主張が勝利し、アメリカの国家政策となる。そして、スティムソンの配下にある陸軍省の政策決定が国際軍事裁判の骨格をつくっていった。この過程で、処罰対象が残虐行為のみならず、侵略戦争の計画・開始にも拡大する。

開戦行為を処罰する根拠として着目されたのは、一九二八年のパリ不戦条約であった。実は不戦条約は侵略戦争を「違法」化したものの、違反者の処罰規定がない。それにもかかわらず、陸軍省は個人も処罰できる「犯罪」化の法的根拠として強引に再定義し、これを国際軍事裁判で利用することとなる。

こうしたアメリカの方針にイギリス、ソ連、フランスが同意し、四ヵ国の法律家がロンドン会議（一九四五年六月二十六日〜八月八日）で国際軍事裁判の構想について討議した。その最終合意が八月八日付のロンドン協定であり、協定附属の「国際軍事裁判所憲章」という基本法で「平和に対する罪」と「人道に対する罪」が定立されたのである。

連合国の検察活動

以上の対ドイツ戦犯処罰政策が今度は日本にも適用される。日本に対して戦犯処罰方針を明示したのは、米英中三ヵ国が一九四五年七月二十六日に発したポツダム宣言であった。その第一〇項は「吾等《われら》の俘虜《ふりょ》を虐待せる者を含む一切の戦争犯罪人に対しては厳重なる処罰〔stern justice 厳重な裁判を〕加へらるべし」としている。

東京裁判の弁護側は、この「戦争犯罪人」とは伝統的な戦争法規慣例違反者のことであり、事後法の「平和に対する罪」と「人道に対する罪」は含まれないと訴えた。説得力があるものの、連合国の意図は違った。ポツダム宣言が発出された時点でロンドン会議はまだ決着していなかったので、含みのある「一切の戦争犯罪人」という表現を用いたわけである。日本は八月十四日、ポツダム宣言を受諾して降伏する。それは戦犯裁判の実施を認めることを意味し、日本政府は連合国の戦犯裁判に「協力」する義務を負ったのである。

一九四五年十二月、ジョゼフ・キーナン率いるアメリカ検察団が来日した。しかし敗戦時に日本側が組織的に大量の文書を焼却してしまったため、彼らは証拠書類の欠乏という想定外の事態に直面し、容疑者・関係者の尋問で情報を集めざるをえなくなる。しばらくすると、文書のほうも、秘匿《ひとく》された文書や、木戸幸一《きどこういち》内大臣の日記などが出始めた。こうして結果的には、かなりの資料が集まることとなった。このことは東京裁判の意義の一つといえよう。

情報と証拠の収集とともに、誰を起訴するのか、も検討された。一九四六年二月以降、アメリカ以外の参加国が加わり、検察は国際化した。被告人の選考基準は、①「平和に対する罪」で起訴できること、②事件や組織の代表者であること、③有罪確実な証拠があること、④侵略の共同謀議に積極的だったか、もしくは反対しなかったこと、以上四点である。

特に注意すべきは、②「事件や組織の代表者」だろう。ドイツと違って、日本の指導者の国際的知名度は著しく低いので、東條英機《とうじょうひでき》以外には、誰が責任者なのか、よくわからない。検察の人々も日本の政治・外交・経済・文化をほとんど知らない。だから満洲事変や太平洋戦争ほかの事件当時、重要ポストについていた代表的人物を選ぶのが効率的であった。

そして、一九四六年四月八日の参与検察官会議で石原莞爾《いしわらかんじ》、真崎甚三郎《まさきじんざぶろう》、田村浩を候補から外し、被告人二六名が決まった。だが遅れて来日したソ連検事の提案で、重光葵《しげみつまもる》、梅津《うめづ》美治郎《よしじろう》が追加され、東京裁判の被告人は二八名となった（ニュルンベルク裁判の被告人は二四名、またニュルンベルクでは親衛隊ほか六組織が「犯罪的組織」として起訴された）。

判決の作成過程

次は、判事団の判決作成過程を見よう。日独の国際軍事裁判所は、連合国代表の判事だけで構成され、中立国の判事がいなかった。この点、スティムソンの片腕だったジョン・マクロイ元陸軍次官補が「大戦中、我々は戦犯問題について中立国の支援を何も得られなかった」として中立国の判事は検討対象にもならなかったことを打ち明けている（Department of State, *Foreign Relations of the United States, 1952-1954, Western European Security*, Vol. V, pt. 1, 1983）。「勝者の法廷」は戦争の結果なのである。

東京裁判が市ヶ谷台《いちがやだい》（旧陸軍省・参謀本部）で開廷したのは、一九四六年五月三日のことであった。直後の五月十三日、弁護側が裁判所の管轄権を忌避《きひ》する動議を出した。「平和に対する罪」と「人道に対する罪」はポツダム宣言時の戦争犯罪ではないので、裁判所の管轄外だというのである。

これを受けて、判事たちが非公開の判事室で激論を交わした。その結果、さしあたり弁護側の動議を却下し、しかし却下の理由発表は先送りすることになった。それというのも、管轄権に関する判事団の一致した意見がなかったからである。

実は判事の中で「平和に対する罪」への疑いを最初に表明したのは、オーストラリア代表のウィリアム・ウェッブ裁判長であった。インド判事ラダビノード・パルのように鮮明な否定論ではないが、国際法上、侵略戦争が犯罪かどうかについて、あらためて慎重に考えるべきではないかと問いかけたのだ。

ところが、同じ英連邦のイギリス、カナダ、ニュージーランドの判事たちは、「戦争の犯罪性」を所与の条件として被告人を審理するのが判事の責務だとして、ウェッブに猛反撥《もうはんぱつ》した。その他の判事たちの意見も、まとまりがなかった。

日を追うごとに、判事団は亀裂を深めていった。在日イギリス代表部長オルヴァリー・ガスコインが一九四七年四月二十五日、ロンドンの外務省にこう報告している。イギリス判事ウィリアム・パトリックによれば、全会一致の判決に到達するのは無理だという。ウェッブは自分だけの「判決」を書いているが、その論拠は独特で、「戦争の犯罪性」を認めたニュルンベルク判決（一九四六年十月一日）に従わない。パルとオランダ判事B・V・A・レーリンクは「有罪に同意しないだろう」と（LCO 2/2992, National Archives of the UK）。

これを受けて、イギリス政府が対応策を検討するが、どの案にも難があり、自国判事パトリックによる多数派工作に望みを託すしかなくなった。その結果、おそらくは一九四八年の春頃、判事団内部に「多数派」が成立した。イギリス、カナダ、ニュージーランド、アメリカ、ソ連、中国、フィリピンの七判事がメンバーで、ニュルンベルクと同じ論理で「戦争の犯罪性」を肯定する点に存在理由があった。

この多数派判事たちが判決の法律論と事実認定を書き——東京裁判の判決が「多数判決」「多数意見書」と呼ばれる所以《ゆえん》である——、ニュルンベルクの原則に賛成しない判事四名を判決作成から排除した。判事団は、こうした再編成によって分解の危機を脱したのだ。

他方、排除された判事四名は独自の個別意見書を提出した。そのうちフランス判事アンリ・ベルナールの反対意見書が内幕を暴露している。「事実の認定に関する部分はすべて起草委員会によって起草され……この草案の写しは、他の四名の裁判官にも配布された。……十一名の裁判官が判決のこの部分の一部または、全部を口頭で討議するために会合することを求められたことは一度もなかった。草案の個人の件に関する部分だけが口頭の討議の対象であった」（朝日新聞法廷記者団『東京裁判』下巻、東京裁判刊行会、一九六二年）。

そして、一九四八年十一月四日から十二日にかけて多数判決（英文一四四五頁）が法廷で朗読された。判決文の法律論は次の通りである。裁判所憲章は「その制定の当時に存在していた国際法を表示したものである。……ニュールンベルグ裁判所の以上の意見……に、本裁判所は完全に同意する。……侵略戦争は、ポツダム宣言の当時よりずっと前から、国際法上の犯罪であった」（『極東国際軍事裁判速記録』第一〇巻、雄松堂書店、一九六八年）。

死刑の根拠は何だったのか

公判中、大川周明《おおかわしゅうめい》が精神異常として審理除外となり、松岡洋右《まつおかようすけ》、永野修身《ながのおさみ》は病死した。したがって判決時の被告人は二五名となる。一九四八年十一月十二日、ウェッブ裁判長が彼らに刑を宣告した。全員が有罪であった。土肥原賢二《どひはらけんじ》、広田弘毅《ひろたこうき》、板垣征四郎《いたがきせいしろう》、木村兵太郎《きむらへいたろう》、松井石根《まついいわね》、武藤章《むとうあきら》、東條英機の七名が絞首刑、東郷茂徳《とうごうしげのり》が禁錮《きんこ》二〇年、重光葵が禁錮七年、その他一六名は終身禁錮刑となっている。ちなみに、ニュルンベルクの場合は、被告人二二名中、絞首刑一二名、有期禁錮刑四名、終身禁錮刑三名、無罪三名であった。

それでは、死刑の根拠は何だったのか。この問題を解明する決定的資料は発見されていないが、現時点で読める複数の文書によれば、事後法の疑い濃厚な「平和に対する罪」で死刑にするのは連合国にとって危険なので、死刑の根拠を残虐行為（戦争法規慣例違反）に求めるべきだとの判断が裁判前から英米にあったことがわかる。そして、一九四八年六月、アメリカ判事マイロン・クレイマーがウェッブにこう述べている。「国際法には侵略戦争の計画や遂行の責任者に死刑を科すことを定める特定の制定法は存在しないが、しかし裁判所は交戦法違反の事件について死刑を科す権限を有している」（日暮吉延『東京裁判の国際関係』木鐸社、二〇〇二年）。要するに、死刑の根拠は、戦争法規慣例に反する「重大な残虐行為」（B級犯罪）だったのである。「平和に対する罪」だけでは、終身刑にとどまった。

この角度から見れば、捕虜虐待は、現地の軍司令官や、捕虜管理を所管する軍政の陸軍省と結びつく。東京裁判の死刑七名は「重大な残虐行為」で有罪認定されており、それが死刑の根拠であった。

東條（首相・陸相・内相）ですら、バターン死の行進や泰緬《たいめん》鉄道建設ほか内外の「捕虜及び抑留者の野蛮な取扱い」で死刑になったのだ。判決文いわく、「かれは、違反者を処罰し、将来同じような犯罪が犯されるのを防止する充分な手段をとらなかつた。バターン死の行進に対するかれの態度は、これらの捕虜に対するかれの行為を明らかにするかぎを与えるものである。……日本政府の最高首脳者は……戦争法規の遵守を励行するという義務の履行を意識的に故意に拒んだのである。……泰緬鉄道の敷設に捕虜を使用すべきであるとかれは勧告した。……本裁判所は、訴因第五十四について、東條を有罪と判定する」。

また松井石根や、文官で唯一死刑になった広田弘毅の場合、理由は日中戦争時の南京《ナンキン》事件である。特に松井は侵略戦争関係では完全無罪であるのに、南京事件時の中支那方面軍司令官だったという一点で死刑になった。どうにもバランスが悪いが、国際的衝撃を与えた南京事件の責任者が必要だったわけである。

他方、海軍から死刑が一人も出なかった件も、岡敬純《おかたかずみ》と嶋田繁太郎《しまだしげたろう》が残虐行為の訴因については証拠不十分として無罪になったこと――量刑は両名とも終身禁錮刑――から説明がつく。

サンフランシスコ講和条約と戦犯釈放

東京裁判の終結後、一九五〇年三月から総司令部（GHQ）による減刑・仮釈放の赦免システムが動き出した。これは、いわゆる「逆コース」などではなく、元来「文明の裁き」論

（通常の司法手続き）に内在していたものである。仮釈放審査は、きわめて厳格であった。

日本側は、講和を機にA級戦犯、残虐行為関連のBC級戦犯の全員が大赦《たいしゃ》されることを念願した。しかし連合国、特にアメリカが「文明の裁き」の「正義」を守ろうとする限り、それはありえない。自分たちが科した刑＝「正義」が維持されることが利益だからである。

一九五一年九月八日に調印されたサンフランシスコ講和条約の第一一条は次の通り。「日本国は、極東国際軍事裁判所並びに日本国内及び国外の他の連合国戦争犯罪法廷の裁判を受諾し〔Japan accepts the judgments〕、且《か》つ、日本国で拘禁されている日本国民にこれらの法廷が課《ママ》した刑を執行するものとする〔carry out the sentences〕。これらの拘禁されている者を赦免し、減刑し、及び仮出獄させる権限は、各事件について刑を課した一又は二以上の政府の決定及び日本国の勧告に基《もと》づく場合の外、行使することができない。……」。

つまり、日本は主権回復後も戦犯受刑者の刑を執行する義務を負った。減刑・仮釈放については、日本は勧告権を有するが、決定権は裁判を実施した国にある。独立国に戻ったからといって、日本が勝手に釈放したり判決を破棄したりすることは許されないのである。

よく話題に上る「判決を受諾」部分に関しては、日本外務省は「判決」を容認した。この点、一九五三年三月の外務省条約局第三課の文書が参考になる。「「受諾」とは、日本国が……右裁判の国際法上の適法性……連合国がその刑を続いて執行する場合に、その執行の合法性について、争わないことを意味する。即《すなわ》ち、同第一一条によって、日本国は……国際法上の犯罪であることについて反対しない義務を負った」(二〇一三年三月公開外交記録)。

これは「判決の正当性を認める」という積極的承認論ではなく、「判決の国際法上の適法性に反対しない」という消極的容認論である。ポツダム宣言や講和条約から生じる当然の結果であり、日本政府、外務省にとって、国際信義上、それ以外の選択肢はなかった。

むしろ外務省は講和後の戦犯釈放交渉に活路を見出《みいだ》していた。占領期にはA級の重光を含む八九二名が仮釈放された。主権を回復した一九五二年四月二十八日現在、拘禁中の戦犯受刑者は外地服役を含めて一二四四名、同年九月現在のA級受刑者は一二名。いまや日本にとって、戦犯受刑者は「占領の残滓《ざんし》」にほかならず、独立国に似つかわしくない「不平等」と思われた。左右両社会党も、BC級の釈放に賛同した。時代は、そういう雰囲気に包まれていたのである。こうした背景のもとで日本政府は戦犯の仮釈放を積極的に勧告した。

交渉は難しかったが、結果的には、冷戦期における「西側の結束」が重視された。A級は、一九五六年三月三十一日の佐藤賢了《さとうけんりょう》をもって全員が仮釈放された。BC級も、岸信介《きしのぶすけ》内閣時の一九五八年五月三十日、最後の受刑者一八名が仮釈放され、十二月二十九日、「減刑」という形式で刑期満了した。

最終局面は事実上の政治的解決であるが、アメリカは最後まで仮釈放・減刑といった司法的解決の建前を崩さなかった。「文明の裁き」の「正義」を守るためであった。
他方、日本は占領を経て、対米協調を基軸とする国家となった。その際、戦争責任を清算するための関門であった東京裁判が、対米協調への転換を円滑にしたといえよう。

【さらに詳しく知るために】

リチャード・H・マイニア『東京裁判——勝者の裁き』新装版、安藤仁介訳、福村出版、一九九八年（初刊一九七二年）
アメリカ人歴史学者が自国の対外政策を批判的に検討する観点から東京裁判の問題点を剔出《てきしゅつ》し、東京裁判否定論が流布するエポックを画した歴史研究。

粟屋憲太郎『東京裁判への道』講談社学術文庫、二〇一三年（初刊二〇〇六年）
特に国際検察局の資料に基づいて、日本人戦犯容疑者・関係者に対する尋問を読み解き、開廷前の諸問題を先駆的に明らかにした歴史研究。

日暮吉延『東京裁判』講談社現代新書、二〇〇八年
東京裁判を国際政治の政策と捉えて、第一次世界大戦から一九五〇年代の戦犯釈放にいたる政治過程を実証的に分析した政治史研究。

第11章　日本植民地支配と歴史認識問題

木村　幹

日本の植民地支配は例外だったのか

日本の植民地支配については、韓国や台湾等との外交関係もあり、現在まで活潑《かっぱつ》な議論が続けられている。しかしながら、そこにおける議論は、現在の歴史研究の見地に照らせば不十分で、時に明確な誤りを含んでいるものも多い。もちろん、本章のような小論でその全てを取り上げることは不可能であるから、ここでは主なものだけを取り上げて、植民地支配に対する理解の助けとすることを目標にしたい。

さて、植民地に関わる議論の典型の一つに、「日本植民地支配例外論」とでもいうべきものがある。つまり、日本による朝鮮半島や台湾等への支配は、他国の植民地への支配とは異なることを強調する議論である。

このような「日本植民地支配例外論」は大きく二つのカテゴリーに分けることができる。その一つは、「肯定的」な観点から、日本の朝鮮半島や台湾等への支配と、西洋列強の植民地支配の違いとを強調する議論である。時にこの議論は、日本の植民地支配が西洋列強の「悪辣《あくらつ》な」それとは異なる「よいもの」であり、現地住民にも大きな恩恵があったことを強調する議論や、さらには「そもそも日本の朝鮮半島や台湾等への支配は植民地支配ではなかったのだ」とする議論へと連結される。

これとは反対に、「否定的」な観点から、日本の植民地支配と西洋列強のそれとの違いを強調する議論もある。そこではとりわけ植民地支配末期の状況が強調され、労働者や「慰安婦」の動員、さらには創氏改名や神社参拝の強制が、西洋列強の植民地支配と比べてもより「悪辣な」支配であったことが強調される。

こうして見ると、これらの議論において、いかに西洋列強の植民地支配との比較が意識されているかがわかる。しかしそれなら、西洋列強の植民地支配は正しく理解されているのだろうか。

肯定論にも否定論にも見られる誤り

例えば、日本統治下の朝鮮半島や台湾等への支配を、植民地支配期における現地の経済成長や植民地財政が赤字であったことに着目し、それを根拠に日本の植民地支配は西洋列強の植民地支配と違い、「肯定的」なものであったとする議論がある。この前提にあるのは、西洋列強の植民地支配は現地社会を徹底的に搾取《さくしゅ》して貧困へと追い込んだ、という理解であろう。

しかしながら、西洋列強の植民地支配の実態は、こうしたステレオタイプな理解とはかけ離れたものである。十六世紀、大航海時代におけるスペインやポルトガルのアメリカ大陸等の支配が苛酷《かこく》なものであり、旧大陸からの伝染病の影響もあり、時に現地の人口が大幅に減少したことはよく知られている。しかし、日本が朝鮮半島や台湾等を支配した十九世紀末から二十世紀前半の状況を、それから三〇〇年以上も遡《さかのぼ》る時代の西洋列強の支配と比べるのは、控えめに言ってもフェアなものとは言えない。

では、日本が朝鮮半島や台湾等を支配した十九世紀末から二十世紀前半の時代における西洋列強の植民地支配は、どのようなものだったのだろうか。重要なのは、この時点でのイギリスやフランスをはじめとした西洋列強諸国は、その本国においてすでに民主主義的な政治体制を有する時代に突入していたことである。当然ながら、そこでは経済の動向が選挙に大きな影響を与えることになる。

そして植民地への関心の一つもその経済状況にあり、とりわけ植民地に投資を行った人々にとっては、植民地の経済状況は自らの経済的利益に直結する問題であった。だからこそ、当時の西洋列強政府は植民地の経済を良好な状態に維持せねばならず、そのために莫大な投資を行うことになった。宗主国の投資で植民地における鉄道や港湾が整備され、学校教育が開始される時代である。

こうして宗主国からの財政的投入が増加した結果、宗主国の植民地に対する財政的関係は赤字になる一方、植民地経済は急速に発展した。このような植民地の経済発展の一つの現れが人口の急激な増加である。つまり、宗主国財政の植民地に対する赤字転落と、その見返りとしての植民地の経済発展は、日本の植民地支配にのみ見られた特殊なものではなく、むしろ、当時の植民地支配に普遍的に見られた状況だったと言える。

「日本植民地支配例外論」が多くの誤りを含んでいることにおいては、「否定的」な観点から日本の植民地支配の特殊性を指摘する議論についても言うことができる。例えば、日本の植民地支配、とりわけその開始直前やその初期において、これに反対する人々の強力な抵抗運動が起こり、その弾圧の結果、多くの死傷者が出たことはよく知られている。就中《なかんずく》、台湾の被害は甚大であり、植民地支配からわずか数年の間に一万人を大きく超える死者が出たと推計されている。

しかしながら、日本の植民地支配に伴う犠牲者が、他の植民地よりも多かったか、と言えば、ことはそれほど容易ではない。例えば、台湾から少し遅れてアメリカによる植民地支配が開始されたフィリピンでは、やはり独立運動の弾圧により多くの犠牲者が出たことがよく知られている。

また、第二次世界大戦時における植民地からの兵士や労働者の動員もまた、日本の植民地にのみ見られた現象ではない。第一次世界大戦と第二次世界大戦という二度の総力戦を支えるために、イギリスやフランスが植民地から膨大な人的資源を動員したことも、これまたよく知られている。同化政策も同様である。例えば、創氏改名に似た施策は、フランスによりかなり早い時期から行われていた。

そしてこれらはある程度当然のことであった。明治維新以降の日本は西洋列強をモデルに近代化を進めており、朝鮮半島や台湾等の植民地支配にあたっても、当時の政治指導者が西洋列強の植民地政策を参考にするのは当然のことであったからである。言い換えるなら、戦前の日本政府が、こと植民地支配のみにおいて、当時の西洋列強とは全く異なる施策を選択した、と考えるのはそもそも無理がある。

植民地とは何か

このような日本の植民地支配を巡る議論に問題があるのは、突き詰めれば、その前提となるべき多くの部分において十分な考察を欠いていることが原因である。だからこそ、議論は人々が持つイメージに流されることになる。そのような漠然としたイメージに基づく議論の問題点がより明確なのは、そもそも議論の大前提である「植民地とは何か」という考察の欠如に見ることができる。

例えば、ある種の「日本植民地支配例外論」の論者は、「日本の朝鮮半島や台湾等への統治は植民地支配ではなかった」と主張することがある。しかし言うまでもなく、この議論を正確に行うには、日本の植民地支配の内容以前に、そもそも「植民地支配とは何か」という問題が明確にされなければならない。にもかかわらず、このような主張を行う人々が「植民地支配とは何か」という前提を明確に示した上で議論することはほとんどない。

そして再び、その理由は簡単だ。このような主張をする人々は、西洋列強がアジアやアフリカに対して行った――と彼らが漠然と考えている――統治のことを植民地支配だと考えているからである。そこにあるのは、白人が有色人種を弾圧し、差別し、搾取する抑圧的な体制のイメージだろう。

しかし、実際の「植民地」の姿はもっと多様である。例えば、植民地支配のなかにはイギリスがカナダやオーストラリアを支配した例も含まれる。当然のことながら、これらの植民地において多数派を占めるのは、植民地化以前からその地域に住んできた人々ではなく、欧州各地やその支配下にある地域から移住した人々である。すなわち、そこに存在するのは、白人である宗主国人が有色人種である現地人を弾圧し、差別し、搾取する体制ではなく、類似した文化と肌の色を持つ人々が、一方が宗主国人として支配する側に回り、もう一方が植民地人として支配される側に回る、という体制である。そして我々は、そのようなカナダやオーストラリアの例を含んで「植民地」と呼んでいる。

さらに言えば、白人である宗主国人が有色人種である現地住民を支配した、アジアやアフリカにおいても、植民地支配を巡る体制は一様ではない。そこではアルジェリアの一部のように、フランス本土の延長線上に近い形で支配が行われた地域もあれば、宗主国により直接管理された地域、保護国や藩王国を通じて間接統治が行われた地域、さらにはイギリスやオランダが作り上げた「東インド会社」に代表される植民地会社による統治が行われた地域すら存在する。つまり、「典型的な植民地支配とは何か」と問われても、答えることは事実上不可能なのである。

とはいえこのことは、多種多様な「植民地支配」に共通性がないことを意味しない。ここでヒントになるのは、植民地とは「場所」であり、「人」や「社会」のことではない、ということだ。言い換えるなら、ある地域が植民地だという場合には、その「場所」に宗主国本国と異なる、そして他の植民地と共通する、何かしらの条件が存在しなければならないことになる。

その特徴は一つしかない。それはその地域において適用される法律が宗主国本国のそれとは異なっている、ということである。すなわち植民地とは、宗主国本国とは異なる法律が適用されている「場所」のことであり、とりわけその法律の相違により、現地住民の有する権利義務関係が本国のそれよりも劣る状態になっている地域のことなのである。ちなみに、現地住民の権利義務関係が本国よりも優遇される場合には、植民地というよりは、一種の「特区」とでも呼ぶべき地域になる。

さらに言うなら、同じ地域において「人」の種類により権利義務関係が異なる状況が、植民地支配とは異なることも重要である。それは例えば人種差別が存在する状況であり、また、男女等の差別が存在する状況である。ある段階までのアメリカや南アフリカに典型的に見られたように、このような状況は植民地ではない本国でも起こり得るものであり、「人」の問題とある地域が植民地であるか否かとは、切り離して議論しなければならない。

植民地における権利義務関係が宗主国本国のそれに対して劣る例の典型は、権利においては参政権、とりわけ国政参政権の有無であり、義務においては兵役である。実際、ほとんどの植民地においては住民に国政への参政権が与えられず、また与えられた場合にもその範囲は宗主国本国とは異なるものになっていた。兵役も同じであり、宗主国本国で徴兵制が実施されている場合でも、植民地で徴兵制が実施されていないケースは多かった。

こうした「植民地とは何か」という問題を踏まえて、日本の朝鮮半島や台湾等への支配を見て明らかなのは、これらの地域において実施されていた法律が、日本本土とは大きく異なるものだったことである。例えば、朝鮮半島や台湾では終戦に至るまで衆議院議員選挙は実施されず（一九四六年に実施予定であった）、徴兵制も一九四四年になってようやく実施された。あまり知られていないが、朝鮮半島では一九三八年、台湾では一九四二年まで志願兵制度も実施されなかったから、陸軍士官学校への入学を許されたごく少数の人々や朝鮮王族（大韓帝国の旧皇帝一族。日本の皇族に準じる待遇を受けた）のような特権的な階層、さらには韓国併合時点ですでに韓国軍人であった人々等、一部の例外を除けば、朝鮮半島や台湾の人々は、現地に住み続ける限り、軍隊に入ることすら極めて困難であったことになる。

そもそも朝鮮半島や台湾においては、大日本帝国憲法すら施行されておらず、帝国議会で成立した法律がただちに現地に適用されることもなかった。つまり、これらの地域に施行されている法律が本国と異なり、その住民の権利義務関係は宗主国の住民より劣っていた。朝鮮半島や台湾等が植民地であったことは定義上明らかだ、ということができる。

地域差と時代差の単純化

日本による植民地支配に関わる議論の問題はもちろんこれらだけではない。その一つは、植民地支配の実態が多様であったにもかかわらず、それを過度に単純化した理解である。この単純化は大きく二つある。

一つは、朝鮮半島、台湾、南樺太、関東州、南洋群島、という地域の違いを無視した単純化である。このうち関東州はポーツマス条約（一九〇五年）に伴う中国からの租借地、南洋群島は第一次世界大戦後に国際連盟から統治を委任された「C式委任統治領」であったから、厳密な意味では日本の憲法上の「領土」ですらなかったことになる。南樺太は住民の大部分が日本本土からの移住者で構成されており、町村自治が一部で行われ、一九二四年からは徴兵制も順次実施されるなど、住民の権利義務関係は本土にかなり近いものだった。朝鮮半島と台湾では天皇の代理人である総督が、立法、司法、行政の三権を掌《つかさど》る形で君臨し、その支配は基本的に、内閣や帝国議会の統制の外にあった。そこでは総督によって独自の法律が制定、施行され、それに基づく裁判を行うことができた。

単純化の二つ目は、時代による変化の看過である。台湾における植民地支配が開始されたのは一八九五年、韓国併合が一九一〇年であるから、それぞれの支配は五〇年と三五年の長きにわたっている。我々自身の住む時代を顧みても明らかなように、このような長期の時間の経過のなかで、植民地に対する施策が変わらないわけがない。さらに言えばこの時期には、日本国内で大きな政治的変化が起こっている。すなわち、日本による植民地支配が行われた時期とは、明治期に絶大な権力を揮った元老政治家たちの権威が失われて政党内閣がとって代わり、さらにはその政党内閣が力を失い、翼賛体制へと変わっていく時期にあたっている。経済的には、「成金」で知られる第一次世界大戦時の「大戦景気」から、大戦終了後の戦後不況、さらにはつかの間の戦間期の好景気を経て、大恐慌を経験し、ついには総動員体制へとめまぐるしく変化する時期にあたる。

このような日本国内の状況の変化は、当然、植民地統治のあり方にも影響した。例えば、一九二〇年代には、日本政府は朝鮮半島や台湾等からの労働者の移入を制限し、これを厳しく取り締まっている。言うまでもなく、植民地住民の流入が本土の失業率を押し上げ、有権者の不満が高まるのを、当時の政党政治家が嫌ったからである。言い換えるなら、この時点での植民地の状況は、巷間《こうかん》イメージされる「支配者である日本人が植民地からの人的動員を行う」というものとは全く正反対である。

しかしながら、この状況は日中戦争が開始され、大量の人々が兵士、さらには労働者として動員されるようになると一変する。総力戦体制のなか、本土では人的資源が不足するようになり、植民地からの労働力の組織的な動員が行われるようになる。本土の人的資源の不足はやがて軍隊にも及び、植民地からの軍人や軍属の動員も行われるようになる。植民地からの人的資源に頼らざるを得なくなった日本政府は、これと並行して植民地の人々の「日本人化」も強化した。植民地住民が本土の人間と同じ生活習慣や価値観を持ってくれなければ、戦時体制の維持が困難になるからである。こうして、現地語教育が廃止され、神社参拝が強制され、さらには個々人の名前をも日本人化する創氏改名が行われることになる。

そしてこのことは、あたかも植民地支配全体を代表するかのように言われる問題の多くが、実は五〇年あるいは三五年にわたった長期の植民地支配の、最後の五年あまりに集中して現れたものであることを意味している。当然のことながら、この短い時期の状況の理解を前提として、日本による植民地支配を議論することは誤りである。この誤りは、多様な地域における多様な植民地支配のどこか一部のみを切り取って行われる議論の全てに共通している。

植民地支配が残した問題

さて、最後にこのような日本の植民地支配が後に残した問題について考えてみよう。すでに述べたように、日本の植民地支配のイメージとして語られる事象の大半は、実は総力戦体制期のものであり、長い植民地支配においては短い時期の出来事にすぎない。にもかかわらず、この時期の出来事が植民地支配のイメージに決定的な影響を与えた理由は二つある。一つは何よりもこの総力戦期の直後に植民地支配が終了したことであり、もう一つは、この総力戦期における大規模な植民地社会への介入が、この地域に後にまで残る大きな影響を与えたことである。つまり、日本が戦争遂行のために、植民地支配における最大の介入を、その支配末期に集中的に行い、この状態で突如《とつじょ》として植民地支配が終了した結果、この最末期のあり方が、人々のなかに「日本植民地支配の典型」として残ったことになる。

だからこそ、日本の敗戦直後においては、朝鮮半島のみならず台湾においてさえ、日本の植民地支配に対する印象は極めて否定的なものだった（台湾において日本植民地支配の再評価がはじまるのは後のことである）。とはいえそのことは、この時期から今日見られるような植民地支配をめぐる近隣諸国との対立が始まったことを意味しなかった。

この点について、日韓関係を例に見てみよう。重要なのは、一九四五年から六五年まで、日韓両国の間には正式な国交すら存在せず、ゆえに日本国内に残留した在日韓国人を別にすれば、朝鮮半島の人々が日本政府や日本企業を直接相手取って問題を提起することは事実上不可能だったことである。だからこそこの時期の日韓両国政府は、自らの国民を代表する形で交渉を行い、それはやがて一九六五年の日韓基本条約とそれに付随する一連の協定となって実ることとなる。ここで、韓国政府が無償三億ドル、有償二億ドルの経済協力支援金を受ける見返りとして、「締約国及びその国民」の「請求権に関する問題」が「完全かつ最終的に解決」したことを日韓両国が確認したことはよく知られている。

しかしながら厄介《やっかい》だったのは、これにより経済協力支援金を受け取った時の韓国政府が、植民地支配末期に軍人、軍属、あるいは労働者や「慰安婦」として動員された人々に対して、十分な補償を行わなかったことである。結果としてこれらの人々の不満は残り、やがて彼らによる運動となって現れることとなる。

とはいえ、このような運動は、朴正煕《パクチョンヒ》から全斗煥《チョンドファン》と続いた権威主義的な政権の下では実ることはなかった。それには一つの背景があった。一九六〇年代後半から八〇年代にかけての韓国は、米ソ超大国を頂点とする冷戦の最前線に置かれた貧しい分断国家であり、その経済は日本に大きく依存した状況にあったからである。言い換えるなら、このような状況で過去の植民地支配を巡る紛争が持ち上がり、日韓間の経済関係に支障が出れば、その韓国経済への影響は絶大であり、ゆえに当時の韓国の政治的あるいは経済的エリートは、この問題の激化を防ごうと努力した。

だがこのような状況は一九九〇年代以降、大きく変化する。理由は大きく二つある。一つは民主化運動による権威主義的体制の崩壊が韓国の市民社会を活性化させ、このなかで植民地支配期の補償を求める人々の動きが活潑化したことである。

より重要なのは日韓間の経済関係の変化である。なぜなら、この時期に進んだ三つの事象、すなわち、冷戦体制の崩壊、韓国の経済成長、そしてグローバル化の進行が、韓国経済の日

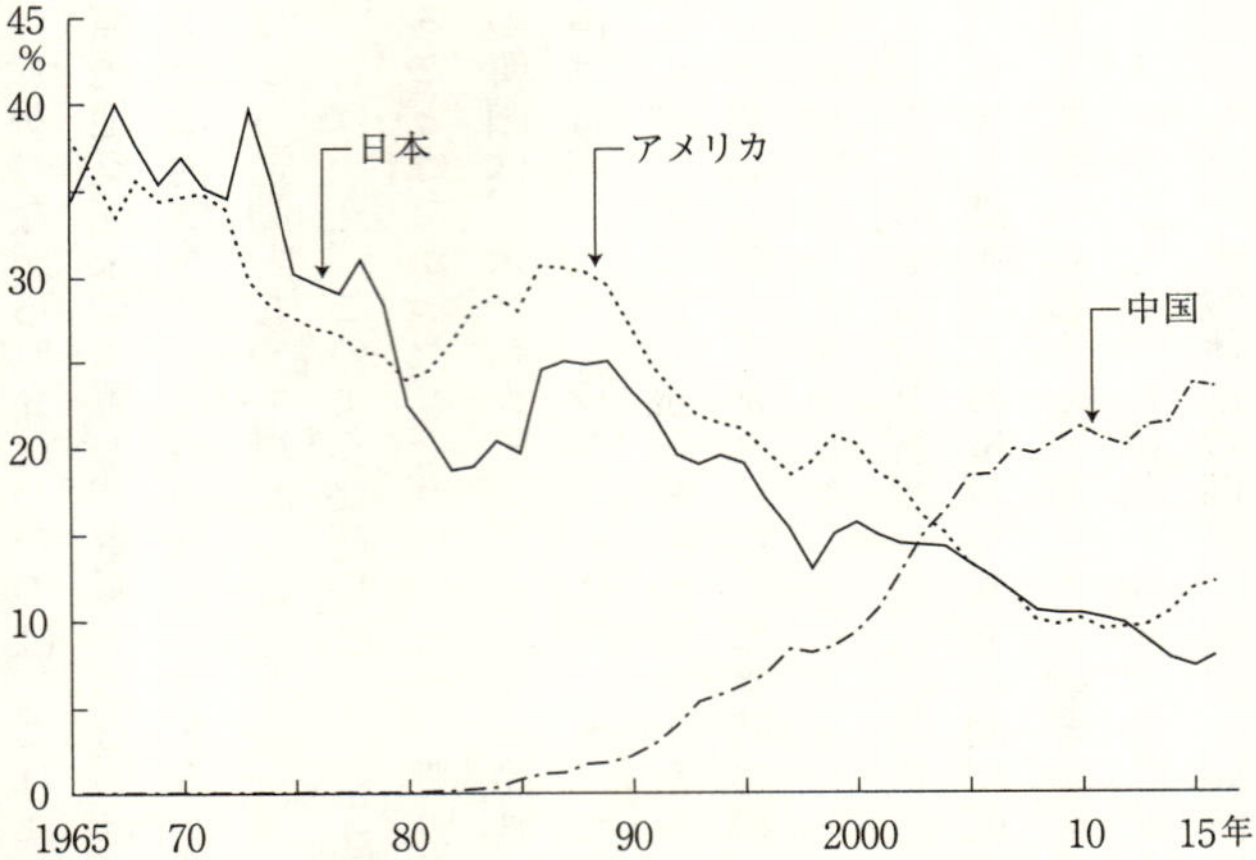

図11－1　韓国の輸出入に対する主要国のシェアの推移
出所：STATISTICS-KOREA.

本への依存度を急速に低下させる状況を作り上げることになったからである。図11－1を見れば明らかなように、一九七〇年代前半には四〇パーセントを超えていた韓国の貿易に対する日本のシェアは、二〇一〇年代に入ると一〇パーセントをも割り込むようになる。少なくともモノの移動においては、韓国経済における日本経済の重要性はかつての五分の一以下にまで小さくなったことになる。

　このような状況は、かつての韓国には存在した、植民地支配に伴う問題の激化を、経済関係の重要性を考慮したエリートが沈静化させようとするメカニズムを機能不全に陥らせた。二〇一二年に李《イ》明博《ミョンバク》大統領が端的に述べたように「日本の影響力は昔と同じではない」状況が韓国において生じていたからである。

当然のことながら、このような状況は、両国間における植民地支配を巡る問題の頻発と長期化となって現れることになる。とりわけ重要なのは後者である。一九六五年に締結された日韓基本条約第二条の「(植民地支配に関わる条約は)もはや無効である」という文章を、日韓両国政府が異なる形で解釈して見せたように、日韓両国の植民地支配に関わる歴史認識は元来大きく異なっている。

にもかかわらず、この違いが大きな政治的問題となってこなかったのは、問題が起こるたびに両国、とりわけ韓国のエリートが早期の「火消し」に努めてきたからである。例えば、一九八五年、当時の中曾根康弘《なかそねやすひろ》首相が靖国神社を参拝し、その直後、韓国メディアはこれを大きく非難した。しかしながら、この韓国メディアの状況は数日のうちに収まることとなり、日韓関係はまもなく正常化した。

しかし今日の日韓両国では「歴史認識問題の収拾」という火中の栗をあえて拾いに行く人はいない。理由は言うまでもなく、今の彼らにはそのリスクを冒すだけの利益を見出すことができないからである。こうして事態は長期化し、紛争はますます激化していくことになる。

二〇一八年十月、韓国大法院(最高裁)により、徴用工への補償を日系企業に求める判決が出ることとなった。問題収拾に向けた日韓両国政府の動きは鈍く、両国の世論は対立を深めている。植民地支配という過去の歴史が、本当の意味で過去になる時代は、しばらくやってきそうになさそうだ。

【さらに詳しく知るために】

マーク・ピーティー『植民地――20世紀日本　帝国50年の興亡』浅野豊美訳、慈学社出版、二〇一二年（初刊一九九六年）

少し古い本になるが、一冊で日本の植民地支配を概観するためには依然、最良の書籍。著者はアメリカ人で欧米諸国の植民地支配との違いも視野に入れられている。日本による植民地支配を考える上では必携の著作。

浅野豊美『帝国日本の植民地法制――法域統合と帝国秩序』名古屋大学出版会、二〇〇八年

植民地支配の多様性や他国との違いを理解するためには、そもそも各地域にどのような法律が施行され、それがどのように変化していったかを理解しなければならない。内容は少し専門的になるが、日本の植民地支配に関わる法的制度がどのように変化していったのかを、終戦時まで追うことができる良書。

木村光彦『日本統治下の朝鮮――統計と実証研究は何を語るか』中公新書、二〇一八年

植民地における経済状態については、時に植民地支配を肯定する側と否定する側で対立した見解が呈される。しかしながら、実際には植民地期の経済状態には数多くの信頼に足る統計データが残されており、かなりの部分を統計的に再現できる。本書はそれを朝鮮半島に関して丁寧に示している。

第12章　戦後日中関係

井上正也

一　国交正常化への道

「不正常」な日中関係

近代日本の歴史において、中国大陸は一貫して政策決定者の関心の対象であり続けた。それは第二次世界大戦後も同様であった。一九四九年に誕生した中華人民共和国（以下、中国）は、日本と異なる政治体制を持ち、広大な国土と世界最大の人口を有する国であった。経済的には発展途上であるが、革命を志向する独裁者に率いられた巨大な隣国といかなる関係を築くかは、日本政府にとって重要な課題となった。

よく知られているように、日本と中国は一九七二年まで正式な国家間関係を持たなかった。それはアジアの冷戦構造が日中両国の接近を阻《はば》んだためである。建国直後から中国はソ連と密接に結びつき、ユーラシア大陸に巨大な共産主義ブロックが誕生した。そして、一九五〇年六月に勃発した朝鮮戦争は、アジアにおける米中対決を決定的にした。

朝鮮戦争の勃発は、アメリカにとっての日本列島の戦略的価値を飛躍的に増大させた。それに伴い、連合国軍の占領下にあった日本の講和への動きも本格化する。吉田茂《よしだしげる》政権は、独立後の日本の安全保障を確保するために、サンフランシスコ平和条約の締結と同時に日米安全保障条約（以下、日米安保条約）を締結した。これにより日本の独立後も、アメリカ軍が引き続き日本本土に駐留することが決定されたのである。

さらに吉田政権は、一九五二年四月、国共内戦に敗れて台湾に逃れた蔣介石《しょうかいせき》の中華民国政府（以下、国府）との間で日華平和条約を締結した。日本が中国政府ではなく国府との間で平和条約を締結したのは、日中接近を阻止したいアメリカのダレス（John F. Dulles）国務省顧問の要請によるものであった。

しかし、中国側はこの日本の選択に激しく反撥《はんぱつ》した。一九五二年四月にサンフランシスコ平和条約の発効と日華平和条約の締結が行われると、中国政府はこれらの条約に断固反対する姿勢を固めた。そして以後、日中関係の「不正常」な時代が始まることになるのである。

安保問題と台湾問題

戦後日中関係における対立点は何であったか。中国が最も問題視したのは日米安保条約である。条約に基づき日本本土に置かれた米軍基地は、中国にとって自国の生存に関わる軍事的脅威であった。

日本の米軍基地を撤去するためには、日本をアメリカから引き離し「中立化」を図る必要があった。そのため、中国は自国が戦争を望まない「平和勢力」であることを強調し、革新勢力を中心とする親中勢力を日本国内で増大させ、日米離間を実現しようとした。

そのための手段として中国側が重視したのは民間交流であった。日本の各界に招待外交を展開し、両国民の連帯強化を図ろうとした。さらに貿易や漁業といった民間協定の締結を進めることで、日中関係を実質面で拡大しようとした。こうした方針は「以民促官」と呼ばれ、国交正常化以前における中国の対日外交の基本線となった(王雪萍《おうせつへい》編著『戦後日中関係と廖《りょう》承志《しょうし》――中国の知日派《ジャパンハンズ》と対日政策』慶應義塾大学出版会、二〇一三年)。

一方、アメリカは中国が仕掛ける日米離間を警戒していた。そのため、アメリカは日中貿易を厳しく制限し、日中両国の政治的接近を阻止しようとした。日本政府は日中貿易再開を求める世論を背景に、本音では中国との関係を持ちたいと考えていた。だが、日米安保条約を外交の基軸とする日本が、安保条約の破棄を求める中国に接近することは不可能であった。そのため、日本はアメリカと中国との間で板挟みとなったのである。

安保問題に加えて、今一つ日本を悩ませたのは、日本と台湾の中華民国との関係だった。第二次世界大戦後、蔣介石率いる国府と毛沢東《もうたくとう》率いる中国共産党は内戦に突入し、前述したように、敗れた蔣介石は台湾に逃れた。しかし、アメリカは台湾に援助を行い、中国大陸を失った国府が国際連合の議席をこれまで通り保てるようにした。一九七一年までは国際連合における安全保障理事会（安保理）常任理事国の「中国」とは台湾の中華民国であった。

中華民国との間で平和条約を締結した日本は、国府との間で条約関係を持ちながら、中国とどのように関係を築くかという「二つの中国」問題（台湾問題）に直面せねばならなかった。そのため、日本がとった苦肉の策は、中国との間で政府間関係を持たないまま民間貿易や文化交流だけを進める「政経分離」の方針であった。

ところが、この「政経分離」方式に対しても国府は反撥した。合成繊維プラントの対中輸出に際して政府系金融機関がこれに融資することを池田勇人《いけだはやと》政権が決定したとき、台湾は強硬に反対し大きな外交問題となった。そして、逆に佐藤栄作《さとうえいさく》政権が日台関係を強化する動きを示すと、今度は中国が佐藤政権を激しく攻撃することになる。日中国交正常化に至るまでの日本の政策決定者は、この「二つの中国」のディレンマに常に頭を悩ませられたのである。

日中国交正常化の成立

一九七〇年代初頭の国際情勢の急変は日中関係に大きな影響をもたらした。最初の変化は中ソ対立である。イデオロギー論争に端を発する中ソ対立は一九六〇年代を通じて徐々に激化していたが、一九六九年三月、ついに中ソ国境で武力衝突が勃発する。中国にとってのソ連は、今やアメリカを上回る最大の軍事的脅威になったのである。

中ソ武力衝突は、ベトナム戦争からの脱却を目指していたアメリカにとっても大きな転換点となった。ニクソン（Richard Nixon）政権は、ソ連に対する戦略的優位を確保するために対中関係改善に踏み切った。一九七一年七月に日本の頭越しに行われた米中接近は、日本国内に「ニクソン・ショック」と呼ばれる衝撃を与えた。

中ソ対決と米中和解は中国の対日戦略を劇的に転換させた。中国はアメリカを含めた関係国を「一本の線（一条線）」のように団結させ、ソ連を封じ込める戦略をとりはじめていた。そのため、日本を対ソ連包囲網に引き込むことが、安保問題や台湾問題よりも重要な外交課題として浮上してきたのである（益尾知佐子『中国政治外交の転換点――改革開放と「独立自主の対外政策」』東京大学出版会、二〇一〇年）。

日本国内でも「ニクソン・ショック」を受けて状況が動きはじめた。財界からの訪中団派遣が相次ぎ、国内では「中国ブーム」が巻き起こった。さらに一九七一年十月には、国際連合において、中華民国が国連から脱退して、ついに中華人民共和国の国連加盟が実現した。これを受けて日本の政府内でも、台湾との断交を前提とした日中国交正常化を支持する声が強まるようになるのである。

日中国交正常化交渉をリードしたのは終始中国側であった。佐藤政権が退陣して田中角栄《たなかかくえい》政権が発足したとき、中国側はすでに国交正常化の準備を開始していた。一九七二年七月に田中政権が成立すると、中国側は、これまで争点としてきた安保問題や台湾問題について柔軟な姿勢をとるようになった。さらに戦争賠償の請求を公式に放棄することも初めて明示した。中国側は対日要求を日本と台湾との外交断絶に絞ることで、日本側に国交正常化の決意を促したのである。

訪中した竹入義勝《たけいりよしかつ》公明党委員長を通じて、中国側の意向を知った田中首相と大平正芳《おおひらまさよし》外相は、自民党内の親台湾派の反対を押し切って、日中国交正常化に踏み切る決断をする。まず田中首相は八月末にハワイで日米首脳会談に臨んだ。アメリカの理解を取り付けた後、田中ら一行は北京《ペキン》に飛び、日中国交正常化交渉に入った。日中共同声明が発表され国交正常化が成立したのは一九七二年九月二十九日のことであった。

日中国交正常化交渉が実質四日間という異例の短期間で決着したのは、両国の思惑の一致によるところが大きかった。中国側はソ連の対日接近を懸念しており交渉を急いでいた。日本側も、田中首相が自民党親台湾派に巻き返しの機会を与えないために一気に国交正常化を実現しようとしていた。

国交正常化交渉では、戦争終結の時期、賠償請求をめぐる法的問題、台湾の法的地位などをめぐって鋭く対立する局面もあった。だが、最終的に双方の立場が両立するように共同声明の文言の調整が図られた。

台湾問題については、共同声明調印後に大平外相が日華平和条約の「終了」に関する声明を行う形で合意が図られた。日本を悩ませてきた「二つの中国」問題は、日華平和条約の「終了」と引き換えに日台民間関係を維持するという、これまでの日中関係の「政経分離」を逆転させる形で決着したのである。

二　日中友好の時代

革命から経済開発へ

一九七二年の日中国交正常化は、日中両国が長らく対立してきた安保問題と台湾問題をめぐる合意枠組みが成立したことを意味した。とはいえ、対立の火種がまだなくなったわけではない。安保問題と台湾問題に代わって新たに浮上してきたのはソ連問題である。国交正常化に続いて開始された日中平和友好条約交渉において、中国側はソ連を念頭に置いた反覇権条項を条約に挿入することを求めた。だが、日本側がこれを拒絶したため交渉は予想外に長期化した。田中政権退陣後に組閣した三木武夫《みきたけお》政権も交渉を継続したが、周恩来《しゅうおんらい》や毛沢東といった最高指導者が相次いで逝去し、四人組が逮捕されるなどの中国政局の混乱もあって交渉は中断された。

日中平和友好条約の締結に向けて両国が動きはじめるのは、一九七七年七月の鄧小平《とうしょうへい》の復権後である。中国の近代化を目指す鄧は、日本をはじめとする西側諸国からの経済協力や技術導入を急いでいた。こうした中国側の動きに福田赳夫《ふくだたけお》首相も呼応し、一九七八年八月十二日に日中平和友好条約は調印されたのである。

一九七八年は日中関係における画期の年であったといえよう。中国では前年に文化大革命の終結が公式に宣言され、最高指導部の関心は経済開発へと向かいはじめていた。鄧小平の近代化路線を市場拡大のチャンスと考える日本の財界にとって、日中平和友好条約は本格的な対中経済進出を進める上での制度的な裏付けとなった。

かくして、日中関係は戦後最良の時代を迎えた。一九七〇年代末から八〇年代は、日中両国が初めて経済開発という共通の国家目標を見出《みいだ》した時代であった。一九七九年十二月に訪中した大平首相は、中国向けの第一次円借款《えんしゃっかん》の供与を発表した。対中ODA（政府開発援助）の大きな目的は、近代化路線による中国の発展を支援し、中国の西側世界との協調関係をつなぎとめることであった。これに対して、中国側も経済政策をめぐる路線対立こそあったとはいえ、日本からの最新の設備や技術を導入して、対外開放政策を積極的にとっていくことになる。

国際環境も日中経済関係の拡大の追い風となった。福田首相は「全方位平和外交」を唱えて、日中関係と日ソ関係の両立を目指していた。だが、後を継いだ大平正芳政権は、ソ連の軍事的擡頭《たいとう》による新冷戦が顕著になるなかで、「西側の一員」の立場を明確にする。一九七九年末にソ連がアフガニスタンに侵攻すると、大平政権はアメリカと歩調を合わせてソ連に対する経済制裁措置に踏み切った。アジアにおいて日米中の擬似同盟とも呼ぶべき状況が誕生したのである。

こうした対ソ包囲網の強化のなかで、中国は経済開発に向けた西側からの支援を享受《きょうじゅ》しやすい有利な立場になった。西側諸国で最初に対中ODAを開始した日本は、この後約四〇年間にわたって総額三兆六〇〇〇億円以上を供与し、世界最大の対中援助国となったのである。

日中特殊関係の形成

この時代の日中関係を考える上でもう一つ重要であるのは、中国に好意的な日本の世論の存在である。当時の多くの日本人は戦争中の贖罪《しょくざい》意識もあって中国の近代化に貢献することに前向きであった。また一九五〇年代から続いていた日中民間交流を通じて、日本国内の政財界にも多くの親中国派が存在していた。

自民党親中国派は、岸信介政権期に中国が党内反主流派に訪中を働きかけたことをきっかけに誕生した。中国の要請に応じて訪中した石橋湛山《いしばしたんざん》や松村謙三《まつむらけんぞう》は、帰国後に党内で日中関係打開を主張するようになった。また戦前、満洲《まんしゅう》重工業の総裁を務めた高碕達之助《たかさきたつのすけ》は、一九五五年に開かれた第一回アジア・アフリカ会議（バンドン会議）で、現職閣僚として初めて周恩来首相と会見した。高碕も同じ頃に日中関係打開に向けて動いていた。

松村と高碕の尽力によって誕生したのがLT貿易（覚書貿易）である。LT貿易は民間貿易という建前をとりながらも、通商産業省が人的・資金面でバックアップする半官半民の貿易制度であった。北京と東京に連絡事務所を設置し、新聞記者の交換も行われ、国交が存在しない時代に民間レベルでの交流を推進する重要な役割を果たした。

このLT貿易の実務面を取り仕切っていたのが、全日本空輸の社長を務めた岡崎嘉平太《おかざきかへいた》である。LT貿易は、他の日中友好団体とは一線を画し、中国側の政治的主張とは距離を置いて「政経分離」の立場を貫こうとした。一九六〇年代後半、文化大革命による中国の急進化のなかで岡崎ら貿易関係者は苦境に立たされた。だが、彼らは最後まで交流の火を絶やさず日中貿易を維持したことで中国側から絶大な信頼を得た。日中国交正常化後も、岡崎は日中経済協会の顧問として、日本の経済界と中国を結びつけるパイプ役を果たしたのである。

一方、国交正常化前からの「井戸を掘った」人々と並んで中国政府が尊重したのが、田中角栄と大平正芳という国交正常化を契機に登場した新しい自民党親中国派である。それまでの親中国派が党内基盤の弱い政治家であったのとは対照的に、彼らは田中派（七日会《なのかかい》）と宏池会《こうちかい》という主要派閥を率いていた。田中はロッキード事件で政界の表舞台から退き、大平は一九八〇年に亡くなるが、これらの派閥と中国とのパイプは、後藤田正晴《ごとうだまさはる》や伊東正義《いとうまさよし》といった有力者を通じて引き継がれた（井上正也「日中関係──派閥政治の変容と対外政策」、大矢根聡・大西裕編『FTA・TPPの政治学──貿易自由化と安全保障・社会保障』有斐閣、二〇一六年）。

中国側はこれらの友好人脈を尊重し活用した。日中両国間で対立が生じるたびに、正式な外交ルートとは別に、財界や自民党有力派閥と水面下の折衝を通じて問題の解決を図ろうとした。こうした日中特殊関係は両国関係の安定的発展に寄与した反面、いつまでも特定の人脈頼みの状況から脱却できず、日中関係の制度化を遅らせたといえよう。

三　歴史認識問題

歴史認識問題の起源

一九八〇年代以降、日中関係に新たな争点として浮上したのが歴史認識問題である。過去の戦争をいかに認識するかという問題は日中国交正常化の際にすでに現れている。国交正常化交渉での双方の歴史認識の乖離《かいり》を示すエピソードとして有名なのは、田中首相がスピーチで過去の歴史について「中国人民に迷惑をかけた（添了麻煩）」という言葉を用いたことであろう。甚大《じんだい》な戦争被害を受けた中国側にとって、国交正常化に際して戦争賠償を放棄するという決断は軽いものではなかった。事実、田中訪中に先立って中国政府は、国交正常化に対する人民の不満を和《やわ》らげるために各地で集会を開催している。それゆえ、田中の戦争責任に対する「迷惑」という軽い表現に中国側は反撥したのである（NHK取材班『周恩来の決断――日中国交正常化はこうして実現した』日本放送出版協会、一九九三年）。

中国政府の立場を掘り下げてみると、賠償放棄など過去の戦争被害に対する寛大な姿勢は、日本の侵略戦争への「反省」と一体として捉《とら》えられていた。こうした中国側の考えの背景にあるのは、日本人を一部の「軍国主義者」と「人民」とに区別し、日本人民に負担を強いるべきではないという「二分論」の論理であった。実際、日中共同声明の前文でも、日本が戦争を通じて中国国民に「重大な損害」を与えたことへの「責任」と「反省」が強調されており、その上で「中日両国国民の友好」のために中国政府が戦争賠償の請求を放棄するという内容が盛り込まれている。

しかし、国交正常化当時、日中両国民がこうした論理を十分に共有していたとは言い難い。中国国民の対日不満は押し込められ、多くの日本国民がそのことを知らなかった。過去の戦争に対する総括は、本来国交正常化において最も重要な論点であったはずである。にもかかわらず、互いの認識の違いは十分に埋められず、その後も日中友好ムードのなかで曖昧《あいまい》なままにされた。中国の賠償放棄は短期的に見れば、日本の対中世論を大きく好転させることに寄与したが、長期的に見ると日中両国の歴史認識にねじれを残したのである。

日中両国の歴史認識の食いちがいが表面化するのは一九八〇年代に入ってからである。まず一九八二年に日本の高校用歴史教科書の検定をめぐって第一次歴史教科書問題が起こった。また一九八五年には中曾根康弘《なかそねやすひろ》首相の靖国神社参拝問題に対して、中国各地で学生による「日本軍国主義の復活」に反対する抗議活動が起こった。

この時期、中国側が歴史問題を争点にしはじめた背景には、国内政治状況も関係していた。近年の研究が明らかにするように、中国政府は経済発展を目指すのと並行して、社会主義を擁護する愛国者を育成していく「愛国統一戦線」を進めていた。その狙いは文化大革命後の国家統合の中心にナショナリズムを据《す》えることにあった。中国にとって「抗日戦争」の歴史は文字通り民族統合の原点であった。それゆえ、歴史認識をめぐる対日批判は、中国の愛国主義を高める手段として行われた側面もあったのである（江藤名保子『中国ナショナリズムのなかの日本――「愛国主義」の変容と歴史認識問題』勁草書房、二〇一四年）。

とはいえ、日中両国とも歴史問題が関係を決定的に損なうことを抑制しようとした。第一次歴史教科書問題をめぐっては、宮澤喜一《みやざわきいち》内閣官房長官が歴史教科書をめぐる談話を発表し、その後の教科書検定基準に「近隣諸国条項」が追加された。また靖国問題についても、中曾根首相が翌年八月の靖国神社参拝を自粛した。中曾根が参拝を中止したのは、緊密なパートナーシップを築いていた胡耀邦《こようほう》総書記の国内での立場を弱めることを懸念したためだといわれている（服部龍二『外交ドキュメント　歴史認識』岩波新書、二〇一五年）。

冷戦後の日中関係

日中最良の時代は一九九二年十月の天皇訪中で頂点を迎えた。天皇訪中は一九七〇年代から中国側が強く要望していたものであり、日本側はこれによって歴史問題に一つの区切りが付けられることを期待していた。

だが、その期待とは裏腹に、一九九〇年代に入ると歴史認識をめぐる対立は激化する。一九九三年の自民党分裂による五五年体制の崩壊は、歴史問題をめぐる日本政府の姿勢に新たな動きをもたらした。非自民連立政権の細川護煕《ほそかわもりひろ》首相は就任直後の記者会見で、歴代首相の公的発言として初めて「侵略戦争」を明言した。また社会党の村山富市《むらやまとみいち》首相は、一九九五年八月の「戦後五〇周年」を機に、過去の日本による「植民地支配と侵略」に対する「心からのお詫び」を表明した首相談話（いわゆる「村山談話」）を発表した。

ところが、一連の歴史認識の見直しは保守勢力からの反撥を招いた。とりわけ、自民党の集票機関でもある日本遺族会は危機感を募らせ、各地の支部や自民党議員との連携を通じて反対運動を進めた。また同じ頃、連立政権の閣僚による歴史問題をめぐる不適切な発言が相次いだ。冷戦終結による保革対立の消滅は、逆説的ながら保守陣営内のイデオロギー的主張を先鋭化させたのである（波多野澄雄『国家と歴史——戦後日本の歴史問題』中公新書、二〇一一年）。

一方、中国では一九九三年に国家主席に就任した江沢民《こうたくみん》の下で、天安門事件の再発を防ぐ目的から愛国主義教育が進められていた。そのため、中国側は戦争責任を曖昧にする日本側の言動に強い警戒感を示し、日本に対して「歴史の教訓をくみ侵略行為を深く悔い改める」よう強く求める姿勢が、中国の対日外交の基本線となっていった。こうして、日中関係は、中国側が歴史認識をめぐって対日批判を行えば、それに対して日本人が反撥するという負のスパイラルに陥っていく（清水美和《よしかず》『中国はなぜ「反日」になったか』文春新書、二〇〇三年）。

歴史問題に加えて、一九九五年から翌年にかけての第三次台湾海峡危機を契機に、中国の軍事的擡頭も警戒されるようになる。自民党内では台湾問題をめぐる路線対立が再び表面化した。そして、日中国交正常化以来の友好人脈が徐々に先細っていくのと入れ替わるように、中国脅威論を説き、経済援助を通じた対中関与政策に公然と異議を唱える保守系知識人が擡頭するようになったのである。

かくして、一九九〇年代以降、日中国交正常化によって成立した日中関係の合意枠組みは動揺を見せるようになった。そして、日中友好のスローガンに翳《かげ》りが見えるなかで、国民レベルにおける日中関係の基調も「友好」から「反目」へと大きく変化していったのである。

【さらに詳しく知るために】

井上正也『日中国交正常化の政治史』名古屋大学出版会、二〇一〇年
日中国交正常化に至る日本の対中政策を分析した外交史研究。自民党の派閥政治と日中関係の相互連関が詳細に叙述されている。

国分良成、添谷芳秀、高原明生、川島真『日中関係史』有斐閣、二〇一三年
最新の研究に基づいた戦後日中関係の通史。中華人民共和国成立以後の日中関係を主に政治的観点からコンパクトかつバランス良く論述している。

高原明生、服部龍二編『日中関係史　1972－2012　Ⅰ政治』東京大学出版会、二〇一二年

国交正常化から民主党政権期までの日中関係の重要トピックを詳細に論じた通史。日中関係を規定した国内事情や国際情勢といった諸要因を分析している。

毛里和子『日中関係――戦後から新時代へ』岩波新書、二〇〇六年

中国研究の大家による通史的研究。日中両国の大きな構造変動を視野に入れつつ、歴史認識問題や中国側の対日政策について詳細に叙述されている。

第13章　ポスト平成に向けた歴史観の問題
——戦後から明治へ、さらにその先へ

中西　寛

「歴史観」とは

本章では、日本近現代史の特定の問題を扱うのではなく、「歴史観」という観点で論じたい。「歴史とは何か」と問えば、歴史を「過去と現在との間の対話」と表現したE・H・カーの古典『歴史とは何か』（岩波新書、一九六二年）をはじめとしてさまざまな解答がありうるけれども、一つの捉《とら》え方としては「時間軸における地図」であろう。通常の地図は空間軸に即して描かれるが、それを時間軸に置き換えて描くのが「歴史」というわけである。この場合、専門の歴史研究者が行う作業は、精密で科学的な方法で現地を測定し、基礎データを収集して正確な地図を描こうとする作業にたとえられる。今日、実証史学とも呼ばれる学術的な歴史研究の本旨は、厳密な考証を経た史料に基づいた正確な過去の再構成である。もちろん叙述の明快さといった要素も評価されないわけではないが、原則的に史料考証の厳密さが「実証史学」と呼ばれる学問の体系の骨格をなしている。

とはいえ地図は精密かつ正確であればあるほどよいわけではない。細かすぎる地図はかえって実用的でない。一〇〇メートル先に行きたいのに、一メートル刻みよりも一センチ刻み、一センチ刻みよりも一ミリ刻みの地図のほうが有用とは言えない。地図には空間的な方向感覚を与えるという役割もあるのであり、精密な測量結果を省略してわかりやすい概略図となっているほうが便利である。歴史についても同様のことが言えるだろう。細部に焦点を合わせた歴史研究では、大局的な方向感覚をつかむことは難しい。詳細な事実はある程度切り捨てて、「現在」の由来を時間軸のなかで示し、将来向かうべき方向を教えてくれる「俯瞰《ふかん》図」が求められるのである。明治期の外政家として名高い陸奥宗光《むつむねみつ》も『蹇蹇録《けんけんろく》』の冒頭で、公文記録によった「実測図面」と俯瞰的な「写生絵画」を対比して自らの著作を後者に分類している（陸奥宗光『蹇蹇録』中公クラシックス、二〇一五年）。

しかし「俯瞰図」には現代の歴史学者はなかなか手を出さないし、出せない。ともすると、精密地図を描くべき専門家がいい加減な地図を描いていると同業者から批判されるからである。現に『歴史とは何か』でカーは、人類史を文明の興亡という観点から説いたシュペングラーやトインビーについて軽蔑《けいべつ》した調子で揶揄《やゆ》している。

しかし歴史的俯瞰図を求めるのは社会の本性の一部であり、そうした役割は、学術的な研究者よりも小説家や一般の歴史家によって書かれることになる。ところが中には、精密地図としての歴史研究とは無関係にいい加減な俯瞰図が描かれることがある。かつて竹山道雄《たけやまみちお》は一九五〇年代のマルクス主義の影響下で書かれた歴史について「上からの演繹《えんえき》」と批判したが、マルクス主義に限らず結論が決まっていてそれに都合がよい事実や史料だけを抜き出し、見た目のよい俯瞰図が書かれてしまう危険は存在する。測量に基づかない、見た目がきれいなだけの地図では目的地にたどり着けないように、単純明快な歴史観も事実に基づいていなければ世を惑わす教条主義へと人びとを導く。そこで必要なのは、精密さとわかりやすさの間にあるトレード・オフ（二律背反）を自覚した上での俯瞰図を描くことである。本章では戦後史の俯瞰図としての「史観」ないし「歴史観」の問題を軸に戦後史を振りかえることとする。

「戦後」直後の体制選択

一九四五年に日本が敗戦してから一九六〇年までは、敗戦と占領によって生じたさまざまな変化に対応するのが忙しい時代だった。「歴史観」を作るよりも先に歴史を作る必要があった時代だったとも言えよう。

敗戦直後の最重要課題は体制選択であった。降伏時の鈴木貫太郎《すずきかんたろう》政権は「国体護持」を目標に掲げたわけで、一九四六～四七年の日本国憲法制定は当時の文脈では最も基本的な体制選択を行うことを意味していた。当時の指導者の最大の懸念はドイツを襲った悲劇を避けることであった。ドイツは第一次世界大戦後にはヴェルサイユ講和条約という苛酷《かこく》な講和を強制され、第二次世界大戦後にも四大国による分割占領を受けた。「国体護持」の要求はこうした運命を避けたいという意識と繋《つな》がっていたのである。周知のように連合国軍最高司令官総司令部（GHQ）から日本国憲法案を提示された幣原喜重郎《しではらきじゅうろう》政権と続く吉田茂《よしだしげる》政権はそれを受け入れていくことになるが、最高司令官マッカーサーとしては憲法改正問題を理由に、ソ連、オーストラリア、中国なども加わった極東委員会が日本占領に介入してくるのを防ぐことに強い関心があったと思われる。同時に、象徴としてではあれ天皇の地位が保障されている日本国憲法案は、国体護持を確定させる点では日本政府としても望ましいものであった。

他方で、戦争直後であったために九条二項の「非武装条項」がこの段階で確定してしまったことや、憲法全体として拙速な形で作成されたことはもちろんマイナスであった。特に日本の安全保障問題については、一九四七年五月の日本国憲法施行と並行して冷戦が本格化することで大きな転換を迫られることになる。ここでも、アメリカが中心になる西側諸国が日本を冷戦下での同盟国として強化していく戦略をとり、いわゆる寛大な講和を結ぶ方針をとったことは日本にとってはプラスであったが、冷戦下で国内が分裂して憲法改正が不可能な状況において、九条の規定をそのままにしながら再軍備をすることになったのは日本政治にとってマイナスであった。

加えて一九五〇年六月に朝鮮戦争が始まり、国連軍として参戦したアメリカと義勇軍と称して参戦した中国が正面から対立することになった。結果としてアメリカが在韓米軍駐留を含めて朝鮮半島の安全保障にコミットした点では日本の安全保障にプラスとなったが、中国、朝鮮半島いずれにも分断国家が存続したことで戦後処理や日本独自の関係設定が困難となった点はマイナスであった。特に大陸を支配する中華人民共和国（中国）に対してイギリスは一九五〇年一月の段階で承認しており、吉田茂も中国との関係構築に熱意をもっていたが、米中が敵国同士となった以上、アメリカの意向に配慮して中華民国（台湾）とのみ講和条約を結ばざるを得ず、中国との関係は未解決のまま残された。

国内体制については「五五年体制」と称されるように一九五五年頃に自由民主党の結成、左右両派の社会党の合同、共産党の武装闘争路の放棄といった形で政党政治の枠組みが定着し、翌五六年には『経済白書』に「もはや戦後ではない」という言葉が記された。ただ、この段階では、自民党を主導したのは反吉田勢力であり、憲法改正と再軍備を掲げる一方で、革新左派は再軍備反対と日米安保体制反対を掲げ、対外政策の問題が残されていた。一九六〇年の安保改定をめぐる騒乱をもってこの問題に一応の結着が付けられたのである。この時の岸信介政権下で、吉田派と反吉田派に分かれていた自民党は対米機軸という吉田が敷いた路線を大枠として受け入れて日米安保改定を優先し、憲法改正は後回しにする選択をした。この選択の一環として、日本の領域を超えた軍事紛争に関わらない方針を「(海外で他国の紛争に参加するような) 集団的自衛権は憲法上行使できない」という形で表明したのである。結果として一九五〇年代後半の選挙を通じて国民は自民党に政権を委ねつつ、三分の一以上の議席を野党に与えることで憲法改正を防ぐというバランスを選んだのである。

一九六〇年代の「戦後」意識の形成

日本人が「戦後」を歴史的な観点から本格的に受けとめるようになるのは、体制選択問題が落ち着いた一九六〇年代になってからと言えるだろう。このこと自体は容易に理解できる。ただ、一九六〇年代に形成された戦後意識は次の二点で特徴的であった。

第一は、この時期に作られた戦後意識が戦後七〇年以上を経た今日まで大きく変わることなく継続していることである。もちろんそれはこの間に日本が大戦争のような巨大な変革を経験しなかったことの結果でもあるが、一九六〇年代の歴史意識が半世紀後の今日の日本の政治や社会を依然として強く規定している点が「戦後日本」という時間軸の特徴であろう。

第二に、一九六〇年代に形成された「戦後」意識が、第二次世界大戦をはるかに遡《さかのぼ》って明治以降の近代日本をどう見るかという歴史意識と深く結びついていた点である。これは明治時代の「御一新」、つまり明治維新で日本は新しい時代を迎えたのだ、という歴史意識と対照的であった。一九四五年は「戦後」の起点ではあったが、その始原性は中間的なものであり、あくまで明治以降という時間意識のなかでの第二の出発点と見なされたのである。言い換えれば、戦後意識は明治以降の「近代日本」意識の系（コロラリー）として規定され、定着したのである。

一九五〇年代にも、マルクス主義者による戦前以来の明治維新論争や、丸山眞男《まるやままさお》に代表される進歩派学者による失敗した近代化論といった議論が存在したが、これらは先述の竹山道雄の批判のように「上からの演繹」としての性質が強いものであった。これに対して一方ではより実証的な歴史研究を踏まえ、他方では、五〇年代後半から欧米で唱えられた近代化論（modernization theory）の影響を受けて、明治以降の日本を近代化の成功例として理解した上で昭和期の戦争を成功からの逸脱として捉える見方が浮上してくる。たとえば上山春平《うえやましゅんぺい》『大東亜戦争の意味』、林房雄《はやしふさお》『大東亜戦争肯定論』、竹内好《たけうちよしみ》編『アジア主義』といった著作が一九六〇年代前半に出版されたように、明治以来という一貫した時間軸のなかで、戦争に走った一時の失敗を取り戻し、近代化の道を邁進《まいしん》するのが戦後日本の課題だという歴史意識が構築されていく。こうした潮流のなかで注目を集めたのが司馬遼太郎《しばりょうたろう》の『竜馬がゆく』（一九六二年六月から六六年五月に新聞連載）である。坂本龍馬《さかもとりょうま》は今日の日本人なら誰でも知っているが、明治・大正期に一時期注目されて以降、しばらく忘れられていた人物だった。その人物を英雄的な主人公にする連載小説によって、司馬は維新期の精神と一九六〇年代の日本を結びつけたのである。

同じ時期に京都大学の高坂正堯《こうさかまさたか》も論壇にデビューし、「宰相吉田茂論」や「海洋国家日本の構想」という論文を公表した。これはもちろん吉田茂の再評価や日本外交のあり方を論じた、基本的には同時代的な問題意識で書かれた論文だったが、いずれも明治国家への評価とつながっている。吉田は戦前の英米派の外交官であったが軍部と対立して押さえ込まれ、戦後には首相となって日米安保や軽武装、通商による経済復興という路線を選択したと位置づけられている。この捉え方は考えようによっては龍馬が構想した「船中八策」の延長線上に戦後の吉田の選択を位置づけようとしたとも理解できる。

また、「海洋国家日本の構想」は、比較的長めの論文だが、和辻哲郎《わつじてつろう》の『鎖国——日本の悲劇』（一九五〇年）を下敷きにして十七世紀の日本とイギリスを比べてみるところから始めている。イギリスはその頃、エリザベス一世の下で海洋国家になっていったのに対して、日本は一度は世界に開かれていたのに「鎖国」によって島国となる選択をした。和辻はそれを

「日本の悲劇」と呼んだのであり、高坂はその意識を引き継ぎつつ、戦後日本が開放的な通商政策や海洋利用に資源を投入する海洋国家となるべきだと主張したのである。

このように、特に一九六〇年代前半には、明治日本が海洋国家として発展する可能性を持っていたのに、ある時期から大陸国家として軍事力を基軸とする国家になっていったことを失敗として捉え、戦後日本が海洋国家として再生せねばならないという形で当時と明治期を重ね合わせる歴史観が形成されていったのである。時あたかも一九六四年に東京オリンピック開催や東海道新幹線の開通があったことは、もはや戦災からの復興ではなく、近代史の失敗から学んで新しい日本をつくるという意識を裏打ちするものであった。

しかし一九六〇年代後半になると、問題意識が微妙に変化した。高度成長は絶頂期を迎えたが、日本の内外は政治の季節を迎えていた。アメリカはベトナム戦争の泥沼にはまり込み、中国では文化大革命の猛威が吹き荒れ、日本でも学生運動が急進化し、東京大学の入学試験が中止される事態になった。こうしたなかで一九六七年には吉田茂が亡くなり、戦後初の国葬が行われ、また翌六八年には「明治百年」が政府主催行事として行われた。明治との連続性がさらに意識されたわけだが、戦後の経済的成功が意識されるにつれて、明治の成功が昭和の失敗につながった経緯へと関心が移り、再度の失敗をいかにして避けるかという問題関心が浮上するのである。

その極端な例として、戦後文壇で最も目立つ人物であった三島由紀夫《みしまゆきお》が『サンケイ新聞』（当時）に「このまま行ったら「日本」はなくなって……無機的な、からっぽな、ニュートラルな、中間色の、富裕な、抜目がない、或る経済的大国が極東の一角に残るのであろう。それでもいいと思っている人たちと、私は口をきく気にもなれなくなっているのである」という遺書めいた文章を残し、一九七〇年十一月、自決したことは、先鋭な感覚を持った文学者が戦後日本に抱いた焦燥感を表したものと解することができる。

司馬遼太郎や高坂正堯は、三島と重なる問題意識を持ちながらも、三島が期待した伝統的な尊皇精神による国家意識の復活のような解答をむしろ積極的に避けようとした。そもそも三島の期待には的外れな面があった。三島の尊皇思想が真に伝統的なものではなく、明治近代の産物であったことは橋川文三《はしかわぶんぞう》の指摘を受けて三島も認めざるを得なかったことである。

司馬は「坂の上の雲」の新聞連載を一九六八年四月から開始した。明らかに明治一〇〇年を意識して始められた長編小説であり、幕末維新期以降の時代を描き、個人が主人公ではなく群像劇として描いた歴史小説である。周知のようにこの小説は当初、秋山《あきやま》兄弟（好古《よしふる》、真之《さねゆき》）と正岡子規《まさおかしき》の三人の成長物語として始まるが、子規は全八巻中三巻目で亡くなり、秋山兄弟も日露戦争の軍事史的な叙述のなかに埋もれていく。後半部の主要なテーマは、乃木希典《のぎまれすけ》に仮託された不合理な精神主義がもたらす危険性をかろうじて周囲の指導者が抑え、戦争を勝利に導く姿である。広く指摘されるように、司馬の乃木に対する描き方は不当であり、日露戦争の苦戦は、第一次世界大戦で全面的になる工業化時代の戦争の非人間性に由来する部分が大きい。しかしともかくも司馬は、明治近代化の成功が日露戦争後に非合理な精神主義へと道を譲り、昭和の失敗を招いたことを示唆しつつ、戦後日本が三島的な精神主義に陥ることをむしろ戒《いまし》めたのである。

高坂もまた一九六九年に「「権力なき国家」の幻想」というシンポジウム（日本文化会議主催）を企画し、経済的成功を実現した日本が政治的思考の重要性をなおざりにする危険性を説いたのである。高坂は「海洋国家」を単に経済主義的観点ではなく、むしろ戦後日本の目指すべき政治的目標として提示していたのである。

経済大国としての成功と課題

しかし結果的には、司馬や高坂のリアリズムの勧めは、半ば認められ、半ば無視された。確かに三島的なイデオロギー、精神主義の復活は起きなかった。しかし、一九七〇年代の日本はますます自らのアイデンティティを「経済大国」として定義し、「政治」を軽視する姿勢に陥っていったのである。

歴史の「ｉｆ」だが、仮にこの時期に日本が重大な外交的決断を行う機会を持っていたらその後の日本はどうなっていたであろうか。たとえば一九七一年七月にキッシンジャーが訪中する前に日中国交樹立に取り組み、日中国交と日台関係を共存させる方策とアメリカの沖縄施政権返還を組み合わせることができていればその後の歴史は変わっていたかもしれない。もちろん当時の国際環境を考えればその実現は極めて困難であったと思われるが、少なくとも考えてみる価値はあるだろう。

結局、米中和解が先行し、田中角栄《たなかかくえい》政権が急ぎ後追いする形で日中国交回復が実現した。その前の佐藤《さとう》政権末期には日米繊維交渉という形で貿易摩擦が深刻化し、また、経済に関するニクソン・ショックの結果、円高にも対応せざるを得なくなった。さらに一九七三年の第一次石油ショックで日本社会は大きなパニックを経験した。七〇年代の中頃にはこうした一連の危機を乗り切っていったが、その頃には「経済大国」という自己認識が定着することになった。七五年にフランスの提唱で先進国首脳会議（サミット、翌年からG7）が開始され、日本は日・米・欧という三極の一極をなす押しも押されもしない経済大国と自他ともに認める存在となった。

経済大国としての日本外交が一九七〇年代から八〇年代にかけて一定の成功を収めたことは確かである。第一に「環太平洋」や「アジア太平洋」という言い方で、地域的な国際関係を経済を中心にまとめようとするイニシアティブをとったことである。ASEAN（東南アジア諸国連合）が一九七六年に首脳会合を始めて本格的な地域機構としての活動を活潑《かっぱつ》化させていくが、七七年に福田赳夫《ふくだたけお》首相がマニラで「福田ドクトリン」を表明し、その後を継いだ大平正芳《おおひらまさよし》首相がＡＰＥＣ（アジア太平洋経済協力）の基礎になるPECC（太平洋経済協力会議）という枠組みを日豪協力で呼びかけた。さらに中国の鄧小平《とうしょうへい》が七八年から改革開放に向けて舵《かじ》を切っていくのを日米で支えて、自由貿易と経済協力・開発支援を組み合わせる形でアジアと西洋世界を分断させない外交戦略を追求したのである。

第二に、Ｇ７も含めて非西洋世界で初めての先進国として特に経済面での国際協調に貢献した。大平政権で公式化された「総合安全保障」という考えに通じるものだが、「国際秩序は公共財であり、その維持に対して経済大国は応分の負担をしなければいけない」という方針を採ったこと自体は日本外交の一つの成功であったと評価できる。

しかし経済力さえあれば政治は不要というわけにはいかなかった。第一に、欧米に比して日本が経済力を増大させていくにつれて、これら諸国との経済摩擦が深刻化し、日本の輸出力や市場開放への圧力が強まった。八〇年代には日本が経済力で世界を支配しようとしているという「日本異質論《リビジョニズム》」といった説が政治に影響力を持つほど事態は深刻化していた。

第二に日本の近代史をめぐる評価が国際政治上の問題となるようになった。一九七〇年代まで戦争をめぐる議論はアメリカなど西洋諸国との関係で考えられており、極東軍事裁判批判は西洋の帝国主義と対決した日本という観点から主張されていた（代表例として林房雄『大東亜戦争肯定論』）。七八年に行われたA級戦犯の靖国神社合祀《ごうし》もこうした議論の文脈を背景としていた。

ところが八〇年代になると、これまで経済協力を基礎において処理してきたアジア諸国との歴史問題が政治摩擦化するようになった。この背景にはアジア各国の経済成長に伴うナショナリズムの高まりや対日姿勢が政権批判・権力闘争の口実となるなどの事情も作用していた。しかし根本的な問題は、明治以降の近代史においてアジア諸国との関係をどう位置づけ、歴史的にどのように評価するのかについて、六〇年代に定着した近代化史観では明確な答えがなかったことがある。しかもこうした問いに正面から向き合う前に冷戦が終焉《しゅうえん》し、戦後日本はそのアイデンティティを揺さぶられることになったのである。

冷戦後の彷徨

冷戦の突然の終焉が日本を含めた西側諸国で歓喜の声とともに迎えられたのは当然だったが、なぜ冷戦が急激かつ平和的に終焉したのかが深く考察されることはなかった。比較的単純に、自由民主主義市場経済の勝利と捉えられたのである。

そのため、アジアでも同様に冷戦を終えることが期待された。中国では一九八九年の天安門事件で政治改革勢力が弾圧されていたが、ソ連・東欧圏崩壊の圧倒的印象の前に、共産党主導であれ改革開放は究極的には自由化を促すと期待されたのである。北朝鮮やベトナムといった社会主義国についても同様であった。こうした期待の下、一九九〇年代の日本は中国、韓国、北朝鮮との歴史和解を模索した。

九二年の天皇訪中や九八年の韓国の金大中《キムデジュン》大統領訪日は歴史問題に区切りをつけ、未来志向の関係構築を企図したものであった。慰安婦問題や戦争責任についても「河野談話」「細川談話」「村山談話」といった政府声明によって日本側の謝罪が表明された。また日朝間でも九〇年の超党派訪朝団派遣を皮切りに国交正常化を追求するようになった。日本の歴史的責任を追及した江沢民《こうたくみん》国家主席の一九九八年の訪日ですら共同声明は発出され、この時点では外交的成果を上げたとみなされた。

他方で、冷戦終結と並行して起きたバブル崩壊と湾岸戦争は、戦後日本のアイデンティティを揺るがすことになった。冷戦構造を前提に構築された五五年体制下で戦後日本は明治末以降の軍事化の歴史を反省し、軍事的闘争を超克した平和主義と経済的繁栄の追求をアイデンティティとしてきた。しかしバブル崩壊によって日本の資本主義経済の脆弱《ぜいじゃく》性が明らかとなる一方で、湾岸戦争では冷戦期には予想しなかった国際紛争不関与の方針と国連主導の秩序への貢献との間の矛盾に直面し、日本は国際的な批判と軽侮を恐れるようになった。九〇年代がこの衝撃への対応を日本の主要課題としたことは自然であった。

しかし政治行政改革や国連平和維持活動への参加など一定の変化が生じたにせよ、総じて九〇年代は混乱の時代であった。その原因としては第一に、冷戦後の政治体制及び外交路線を選択するという政治課題と、バブルの負債を清算し、経済体制を情報化や労働人口縮小に合わせた構造に変革するという経済課題との二重の課題への対応を同時に迫られたことがあげられる。政治的安定なくして経済改革は困難だったが、経済的混乱が政治的変革の方向感覚を喪失させた。政治混乱が経済対応を先送りさせ、それによって不況感と政治への不満が高まるという悪循環が生まれたのである。

第二に、世界全体が冷戦後秩序のあり方について過度に楽観的であり、その影響を受けたことである。近年、戦後国際秩序を「リベラル（自由主義）国際秩序」とみなす主張がなされているが、冷戦期の国際秩序は自由主義的な要素と非自由主義的な要素の組み合わせと見るべきであり、自由主義色が圧倒的になったのは冷戦後であろう。九〇年代後半にはアメリカが主導する新自由主義世界市場に中国やロシア、インド、ブラジルなど新興国が参入するというグローバリゼーションが「世界標準」と唱えられるようになった。

政治経済体制が脆弱なままグローバル・スタンダードを急速に導入しようとした日本の試みは、国際的な影響力の後退を招いた。一九九五年のＡＰＥＣ大阪会議を機にアジア太平洋の国際協調は後退していき、九七年のアジア経済危機の際には日本自身が金融危機に襲われて国際的指導力を発揮できず、代わって未来の大国としての中国の存在感が高まった。

こうした状況は、内部からの自民党改革を掲げた小泉純一郎《こいずみじゅんいちろう》が人気を集め、構造改革路線を推進して公共事業の縮小や郵政改革を実現したことで一応の歯止めがかけられた。国際的には二〇〇一年の九・一一事件以降、テロとの戦いにおいて日米関係が緊密化して自衛隊がインド洋地域に派遣されるようになった一方で、アジアにおいては靖国参拝問題で中国、韓国との摩擦が深まり、北朝鮮との国交正常化交渉は拉致《らち》問題と核開発問題で停滞することになった。また、グローバル・スタンダードを重視する急進的な自由主義は個人の戦争被害問題を政治的に追及する主張を後押しし、特に日韓間で政治的妥協を積み重ねてきた植民地統治責任や領土問題を先鋭化させることになった。

小泉改革は国内的には加速化する少子高齢化や拡大する東京と地方の不均衡、国際的にはアフガニスタンやイラクの戦後統治の混乱やリーマン危機以降のアメリカの影響力の低下や世界的不況、中国など新興国の自己主張の強まりといった事態への対応力を欠いていた。小泉政権後には自民党への批判が強まり、二〇〇九年八月の総選挙では民主党が地すべり的勝利を収めた。民主党政権には当初大きな期待が寄せられたが、改革の方向性をめぐる政権内の対立が混乱を深めた。特に日米同盟関係や尖閣《せんかく》諸島をめぐる中国の強硬姿勢、そして東日本大震災は国民の危機意識を深め、民主党政権のみならず、改革路線そのものへの幻滅が強まった。

第二次安倍《あべ》政権が登場時に「日本を、取り戻す。」をスローガンとしたことはこうした国民の感情に適合していたし、アベノミクスで掲げた三本の矢のうち、第一の矢の異次元金融緩和が国民に痛みのない形で第二の矢の財政出動、第三の矢の構造改革を可能とした点も国民に好印象を与えた。また、二〇一〇年代は世界的に見ても楽観的な「リベラル国際秩序」論への反省期に入り、国家間の対立競争が強調されるようになってきた。そうしたなかで地政学的な戦略思想を重視し、日米同盟関係の強化や日本の外交的存在感の強化を重視した安倍政権は外交面でも時代の雰囲気を捉えていた。

とはいえ、安倍政権が戦後体制からの脱却を追求しているのか、それとも古き良き戦後の復活を目指しているのかは曖昧なままである。ことに二〇二〇年に東京オリンピック開催が決まり、一九六〇年代のイメージを容易に蘇《よみがえ》らせることができたことによって、戦後を取り戻すのか、克服するのかという問題は一層曖昧となった。この曖昧さを映しているのが、二〇一五年に発出された戦後七十年談話である。同談話により、明治以降の日本を西洋近代秩序を吸収した近代化の成功例と捉え、一九三一年の満洲《まんしゅう》事変から太平洋戦争までを逸脱期として捉える、「司馬史観」と俗称される歴史観があらためて共感を集め、二〇一八年には明治一〇〇年を再体験するかのように明治一五〇年という機会が強調されることとなった。

未来に向けた歴史観の課題

当面、世界の混迷は深まっており、国民が「司馬史観」的なものに安定を見出《みいだ》すことは完全に悪いわけではない。しかし司馬遼太郎自身がこういう表現を否定し、あくまでミクロな事実の集積の上に築かれるのが歴史であると主張していたことを忘れてはならないだろう。彼が明治を扱った代表作『坂の上の雲』の映像化を生前ついに許可しなかったことも司馬の考えをうかがわせる。

それでもなお「司馬史観」といった俗称が人口に膾炙《かいしゃ》する背景には、明治日本を西洋型近代化の成功物語と捉え、その延長線上に戦後日本を位置づけるという昭和三十年代の「戦後アイデンティティ」が今なお日本人にとって心地よいからであろう。

しかし戦後秩序が大きく変容しつつある今、司馬史観を否定しないまでもそこに留まっていることはできまい。具体的には三つの相互に重なり合う問題を組み込んだ新たな歴史観が必要であると考えている。第一は、明治を起点とだけ見るのではなく、それ以前の江戸期の経験をどのように組み込むかである。「鎖国」とは江戸時代末期に生まれた認識であり、江戸期に清《しん》、朝鮮、琉球《りゅうきゅう》、蝦夷《えぞ》と通信や交際があったことは今日の歴史学の常識となっている。この経験と明治以降の近代西洋秩序への参入の過程を包括的に理解する視点が求められている。たとえば、明治維新直後に征韓論が内政外政の両面で重大問題となった背景は、江戸期から明治期への移行過程の文脈で理解されるべきであろう。

第二は、大陸国家との関係である。明治以降の近代化過程は、明治から大正にかけてのイギリスとの協力・同盟関係と第二次世界大戦後の日米協調・同盟関係に大きく依拠してきた。これは海に囲まれた海洋国家としての日本の性格に適合した選択であったことは間違いない。しかしまた、日本は大陸に近接した島国であり、中国、ロシア、朝鮮半島などの大陸国家と没交渉で済ませることはできない。実際、イギリスは海洋国家であると同時にヨーロッパ大陸でも勢力均衡のバランサーとしての役割を確立していた。日本は大陸において果たすべき自らの役割を定義してこなかった。この理由と帰結について日本の近現代史はあらためて問うべきであろう。

第三は、明治以降の近代化の急速さと裏腹の底の浅さに対する認識である。このことは日露戦争後の日本を見つめた当時の知識人が強く意識していたことである。明治末に森鷗外《もりおうがい》が書いた「普請中」という短い小説は、ドイツから会いに来た昔の恋人に対して、主人公は冷たい態度をとり、「日本はまだ普請中だ」と答えて終わる内容だが、この小説は、日本が西洋を手本として急速に身に着けた文明の底の浅さを「普請中」という言い方で皮肉った作品と解釈できる。同じ頃、鷗外は「二本足の知」という言い方もしており、西洋の知と東洋の知の双方を理解する知の体系の必要性を説いている。

司馬遼太郎は、「私の漱石《そうせき》」という小文で、「日本人が外国語がへたなのは、ひとつは、明治末年に日本語が文章語として確立されたから」と指摘し、物理も化学も数学もすべて日本語で教科書を作った後進国は日本だけであり、こうした文章日本語の完成者が漱石だと述べている（「私の漱石」『司馬遼太郎が考えたこと 15』新潮文庫、二〇〇六年）。別の文章では、文章日本語が大衆のものとなったのは昭和三十年代、週刊誌の普及とともにである、とも指摘している（「言語についての感想（六）」『この国のかたち 6』文春文庫、二〇〇〇年）。今日では司馬の小説は「国民文学」とも称されるが、司馬の文体そのものが、漱石が完成させた文章日本語を大衆化した戦後日本語の結晶であると言えるかもしれない。この日本語のありようは、一般の日本人にしみわたり、今日の日本人の文化的アイデンティティそのものとも言えるかもしれない。しかしまたこの便利な日本語こそが世界との間に大きな知的距離を生み出す無意識の壁ともなっているのである。そもそも、教育や行政の場では日本人が用いる言語としての「国語」と、外国人が学ぶ言語としての「日本語」という表現が使い分けられており、そのことすら一般の日本人はほとんど意識していないのである。昭和の賢人たちが令和の日本人に期待しているのは、明治から昭和の「成功」体験に安住するのではなく、新たな歴史観と新たな表現力を構築することなのではあるまいか。

【さらに詳しく知るために】

五百旗頭真編『戦後日本外交史』第三版、有斐閣、二〇一〇年

主に日本外交史の観点からであるが、戦後史について学術的な分析を下敷きにその展開を描いた教科書として勧めたい。

斎藤慎爾責任編集『司馬遼太郎の世紀』朝日出版社、一九九六年

戦後における歴史意識を語る上では、司馬遼太郎が外せない存在である。しかし司馬については膨大な著作に加えて膨大な評論があり、どこから手を付けてよいか難しい。本書は司馬にアプローチする上で信頼のおける入り口であろう。

服部龍二『高坂正堯　戦後日本と現実主義』中公新書、二〇一八年

国際政治学者として戦後日本外交だけでなくその歴史意識にも大きな影響を与えた高坂正堯について、その足跡を丹念に辿った伝記である。高坂の多面的な業績を扱った論文集、五百旗頭真、中西寛編『高坂正堯と戦後日本』(中央公論新社、二〇一六年)もあわせて勧めたい。

福永文夫・河野康子編、渡邉昭夫・加藤陽子他著『戦後とは何か——政治学と歴史学の対話』上下巻、丸善出版、二〇一四年

戦後における政治学と歴史学の展開をテーマとした研究会の講演及び質疑応答録。学術史に興味のある研究者向きの論集だが、学界の変化を戦後史のなかで位置づけて理解する上で有益。

おわりに――「無限の宝庫」としての歴史

細谷雄一

「無限の宝庫」としての歴史

政治家は孤独である。困難な決断を行わなければならないときに、いったい何を頼ったらよいのか。はたしてこれから自らが行う決断は最善なのであろうか。それ以外の選択肢はないのだろうか。そのような迷いや苦しみは、政治家が人間である以上は、自然にわいてくるものであろう。未来を見通すことができないのだから、われわれは迷い、悩み、そして後悔するのである。それでは、政治的な決断に迫られたときに、責任ある立場にある者は、何に頼るべきか。

ハーヴァード大学歴史学部のアーネスト・メイ教授は、これまで統治者が困難に直面したときに、過去の事例を参照し、歴史から教訓を得てきた事実に注目する。すなわち、「統治者にとって歴史は、無限の宝庫として眠っている」。ところが、「政治家は、この宝庫を開けて十分使い切ることができない」。他方で、「職業として歴史を教え書いているわれわれは、概して彼らを助けるのに力を貸してこなかった」（アーネスト・メイ『歴史の教訓――アメリカ外交はどう作られたか』進藤榮一訳、岩波現代文庫、二〇〇四年）。

メイ教授が、「歴史の教訓」を学ばないことによる不幸を語り、この文章を残したのは、もう半世紀近く前の一九七三年のことである。にもかかわらず、それ以降も多くの政治家は目前の多事に忙しいからか「無限の宝庫」として歴史を活用しようとせず、また歴史家も「彼らを助けるのに力を貸してこなかった」のだと思う。政治家と歴史家は相互に無関心であった。それぞれがそれぞれの殻のなかに閉じこもり、それぞれの論理で生きてきた。

だが、そのような「無限の宝庫」を本当に使わなくてよいのだろうか。そのような「宝庫」を使うことで、よりよい政策がつくられるのではないだろうか。すぐ近くに「無限の宝庫」があるのであれば、それを看過するのはあまりにももったいない。

実際に、政治家と歴史家が偶然から結びつき、一冊の歴史書が国家を危機から救出した事例がある。

それは一九六二年のキューバ危機である。

世界史を変えた歴史書

若きアメリカ大統領ジョン・F・ケネディは、ソ連の核ミサイルがキューバに配備されることを阻止するために、戦争をはじめる準備を進めていた。もはや戦争は不可避で、後戻りができないと考えられていた。

そのとき、ケネディ大統領が自らの決断を行う上で参考にしたのが、この年の一月に刊行されていた、バーバラ・タックマンの『八月の砲声』である。ケネディは、多忙で困難が続く日々のなかで、この歴史書を一気に読了した。タックマンはこの著書のなかで、誰もが戦争を望んでいないのにもかかわらず、誤解や誤算が連続して坂道を転がり落ちるように、ヨーロッパ諸国の指導者たちが第一次世界大戦へと突き進んでいく過程を克明に描いていた（バーバラ・W・タックマン『八月の砲声』上下巻、山室まりや訳、ちくま学芸文庫、二〇〇四年）。

まさに、自らもいま、同じ状況にいるのではないか。ソ連との核戦争は、必ずしも不可避なのではなく、自らの政治的決断によって回避できるのではないか。そのように考えたケネディ大統領は、それまでに行った、不可逆的だと考えてきた政治的決断を再考して、戦争を回避してソ連のフルシチョフ第一書記兼首相との対話を求める方向へと大胆に政策を転換したのだ。

歴史に「イフ」はない。だが、もしもケネディ大統領がこのときに、タックマンの『八月の砲声』を読んでいなかったとしたら、世界は核戦争を見たかもしれない。一冊の歴史書が、世界史の運命を変えた事例と言えるだろう。ケネディ大統領は一九六二年二月にハロルド・マクミラン英首相が訪米した際に、この『八月の砲声』を一部寄贈したという。それほどまでに、この一冊の本に感銘を受け、影響を受けたのであろう。

他方で、政治家が必ずしもいつも歴史の教訓から多くを学んでいるというわけではない。メイ教授は、それゆえ、次のように述べる。

「きわめて不確実な条件で決定を行なう人が未来を予測しようとする時、彼らはかならず、過去に起こったと自らが信ずる事実に照合して予測を行なう。現在に対する彼らの見解を作るものは、かつて発生したと彼らが信じている事柄である。だが、彼らは過去に関して、あまりにも浅薄で誤った知識しか持ち合わせていないことが多い。しかも不十分な情報しか持たないために、しばしば貧弱な推論しか下すことができない」(同前)。

厳しいメイ教授の言葉が示唆することは、政治家が歴史を誤用する危険である。すなわち、政治家が「無限の宝庫」として歴史の教訓を学ばないことと並んで、過去の事例についての偏った知識から、歴史を誤用する危険に警鐘を鳴らすのである。過去の事例からわれわれが何かを学ぶ場合に、相反・矛盾する事例や教訓が数多くあるという事実に留意することが重要だ。自らに都合がよいように過去の事例を恣意《しい》的に援用するのではなく、さまざまな事例を総合的に判断する視野の広さやバランス感覚が何よりも求められている。それは簡単なようでいて、実はきわめて難しいことである。歴史を扱うときには、慎重さや賢明さも求められるのだ。

本書でわれわれは、明治以来の日本の近現代史を学んできた。その歴史は直線的でも、単純でもなく、複合的な力学が働き、多くの可能性があるなかで、日本の政治家が選択してきた道であった。まずは虚心坦懐《きょしんたんかい》にそのような過去の軌跡を学び、政治家がどのような選択を行ってきたのかを知ることが肝要だ。そこにも多くの迷いや悩み、困難が感じられるであろう。

はたしてわれわれは、より賢明になったのか。より先見の明を得られるようになったのか。これから新しい歴史を綴《つづ》る上で、繰り返し歴史に立ち返り、これまで先人が歩んだ道のりを確かめ、その選択と決断の困難を理解することが不可欠であろう。

*

本書は二〇一五年十二月から二〇一八年七月まで、自由民主党本部で行われた「歴史を学び未来を考える本部」での講義をもとに、その内容を新書の形式にまとめたものである。二〇一五年十一月二十九日、自由民主党立党六〇年記念式典開催日に、「歴史を学び未来を考える本部」、いわゆる歴史本部が設置された。

この歴史本部は、谷垣禎一自民党幹事長を本部長とし、稲田朋美政務調査会長を本部長代理、そして中曽根弘文参議院議員を事務総長、棚橋康文衆議院議員を事務局長として発足した。アドバイザーとして山内昌之東京大学名誉教授と私が、オブザーバーとして松元崇元内閣府事務次官と社会学者の古市憲寿氏が就き、同年の十二月二十二日に第一回目の会合を開催した。その後高村正彦自民党副総裁、さらには下村博文自民党幹事長代行が本部長を継いで、三年間にわたる会合が続いていった。その記録と成果を基礎として、本書を刊行するに至っている。この間、とりわけ自民党本部職員の福冨健一氏には多大なご助力をいただいた。以上の方々に、心からのお礼を申し上げたい（肩書きは当時）。

本書を通じて、日本における歴史認識が学術界の最先端の研究成果を前提にして、よりいっそう深いものとなり、よりいっそう視野の広いものとなることを願ってやまない。そのような刺激溢《あふ》れる知的な営みに、一人でも多くの読者の方々が加わっていただけることを何よりも期待したいと思う。

1982	第1次歴史教科書問題
1985	中曾根康弘首相の靖国神社参拝
1989	〔独〕ベルリンの壁崩壊.〔米ソ〕マルタ会談，冷戦終結
1991	湾岸戦争
1992	天皇訪中
1995	村山談話
1997	アジア経済危機
2001	9・11事件
2011	東日本大震災

	条約)
1925	〔中〕五三〇事件.〔欧州〕ロカルノ条約
1927	山東出兵(〜1928年)
1928	済南事件. 張作霖爆殺事件(満洲某重大事件). パリ不戦条約(ケロッグ=ブリアン条約)
1929	世界恐慌(→1930〜32年昭和恐慌)
1930	金解禁. 第1次ロンドン海軍軍縮会議. 浜口雄幸首相狙撃事件
1931	万宝山事件. 9月柳条湖事件, 満洲事変(→1933年塘沽停戦協定). 十月事件
1932	桜田門事件. 第1次上海事変. 満洲国成立. 五・一五事件
1933	〔独〕ヒトラー政権成立. 3月国際連盟離脱通告
1935	第2次ロンドン海軍軍縮会議(〜1936年)
1936	スペイン内戦. 国策の基準. 日独防共協定.〔中〕西安事件
1937	7月盧溝橋事件, 日中戦争. 8月第2次上海事変. 12月南京事件
1939	8月独ソ不可侵条約. 9月〔独〕ポーランド侵攻, 第2次世界大戦
1940	日独伊三国同盟
1941	4月日ソ中立条約. 7月南部仏印進駐, 在米日本資産凍結. 9月帝国国策遂行要領. 11月ハル・ノート. 12月太平洋戦争(〜1945年)
1943	〔米英中〕カイロ宣言
1945	8月ポツダム宣言受諾. 9月降伏文書調印, GHQの占領政策開始
1946	東京裁判(〜1948年). 11月3日日本国憲法公布(1947年5月3日施行)
1949	中華人民共和国成立
1950	朝鮮戦争(→1953年休戦協定)
1951	サンフランシスコ講和条約・日米安全保障条約調印(1952年発効)
1955	アジア・アフリカ会議(バンドン会議). 55年体制成立
1956	スエズ戦争
1964	ベトナム戦争本格化(〜1975年)
1965	日韓基本条約
1972	沖縄施政権返還. 日中共同声明, 日中国交正常化
1973	第1次石油ショック(〜1974年)
1975	第1回先進国首脳会議(サミット)
1978	日中平和友好条約.〔中〕改革開放開始

関連略年表

年代	出来事
慶応4 (1868)	戊辰戦争（～1869年）．五箇条の「御誓文」．明治改元
明治4 (1871)	廃藩置県．日清修好条規．岩倉使節団派遣（～1873年）
明治5 (1872)	琉球藩設置（1879年沖縄県設置に至る琉球処分）．明治改暦，12月3日をもって1873年（明治6）1月1日に
1874	台湾出兵
1876	日朝修好条規．廃刀令
1881	開拓使官有物払下げ事件．明治十四年の政変．国会開設の勅諭
1882	壬午事変
1884	甲申政変（→1885年天津条約）
1889	2月11日大日本帝国憲法（明治憲法）発布
1890	帝国議会開設
1891	ロシア皇太子ニコライ訪日，大津事件
1894	日清戦争（～1895年）
1895	下関条約，台湾植民地化．三国干渉
1900	義和団事件（→1901年北京議定書）
1902	日英同盟
1903	大阪勧業博覧会，人類館事件
1904	日露戦争（～1905年）．英仏協商．第1次日韓協約
1905	ポーツマス条約．日比谷焼き打ち事件．北京条約（満洲善後条約）
1907	英露協商，英仏露の三国協商成立
1908	高平・ルート協定
1910	大逆事件（～1911年）．8月韓国併合
1911	〔中〕辛亥革命（1912年中華民国成立）
1914	第1次世界大戦（～1918年）
1915	1月対華二十一ヵ条要求．5月9日袁世凱政権受諾，「国恥記念日」
1918	シベリア出兵（～1922年撤兵）
1919	パリ講和会議，ヴェルサイユ条約（国際連盟規約）．万歳事件（三・一独立運動）．〔中〕五・四運動
1921	ワシントン会議（→1922年九ヵ国条約，ワシントン海軍軍縮

【ナ行】

索　引

人間・環境学研究科博士後期課程修了．博士（人間・環境学）．著書に『イギリスの情報外交』『日本軍のインテリジェンス』（山本七平賞奨励賞），『モサド』『インテリジェンス』『インテリジェンスの世界史』，*Japanese Intelligence in World War II* など．

森 山 優（もりやま・あつし） **第8章**

静岡県立大学国際関係学部教授．1962年福岡県生まれ．九州大学大学院文学研究科博士課程修了．博士（文学）．著書に『日米開戦の政治過程』『日本はなぜ開戦に踏み切ったか』『日米開戦と情報戦』など．

楠 綾 子（くすのき・あやこ） **第9章**

国際日本文化研究センター准教授．1973年神戸市生まれ．神戸大学大学院法学研究科博士後期課程修了．博士（政治学）．著書に『吉田茂と安全保障政策の形成』『現代日本政治史1　占領から独立へ』など．

日 暮 吉 延（ひぐらし・よしのぶ） **第10章**

帝京大学法学部教授．1962年東京都生まれ．立教大学大学院文学研究科博士後期課程満期退学．博士（政治学）．著書に『東京裁判の国際関係』（吉田茂賞），『東京裁判』（サントリー学芸賞）など．

木 村 幹（きむら・かん） **第11章**

神戸大学大学院国際協力研究科教授．1966年大阪府生まれ．京都大学大学院法学研究科修士課程修了．博士（法学）．著書に『朝鮮／韓国ナショナリズムと「小国」意識』（アジア・太平洋賞特別賞），『韓国における「権威主義的」体制の成立』（サントリー学芸賞）など．

井 上 正 也（いのうえ・まさや） **第12章**

成蹊大学法学部教授．1979年大阪府生まれ．神戸大学大学院法学研究科博士後期課程修了．博士（政治学）．著書に『日中国交正常化の政治史』（吉田茂賞，サントリー学芸賞）など．

中 西 寛（なかにし・ひろし） **第13章**

京都大学大学院法学研究科教授．1962年大阪府生まれ．京都大学大学院法学研究科博士後期課程退学．著書に『国際政治とは何か』（読売・吉野作造賞），『歴史の桎梏を越えて』（共編著），『国際政治学』（共著），『高坂正堯と戦後日本』（共編著）など．

執筆者一覧（＊は編著者，肩書きは刊行時）

＊山内昌之（やまうち・まさゆき）　序章　→奥付参照

瀧井一博（たきい・かずひろ）　第1章

国際日本文化研究センター教授．1967年福岡県生まれ．京都大学大学院法学研究科博士後期課程単位取得退学．博士（法学）．著書に『ドイツ国家学と明治国制』『文明史のなかの明治憲法』（大佛次郎論壇賞，角川財団学芸賞），『伊藤博文』（サントリー学芸賞）など．

岡本隆司（おかもと・たかし）　第2章

京都府立大学文学部教授．1965年京都市生まれ．京都大学大学院文学研究科博士後期課程単位取得退学．博士（文学）．著書に『近代中国と海関』（大平正芳記念賞），『属国と自主のあいだ』（サントリー学芸賞），『中国の誕生』（アジア・太平洋賞特別賞）など．

＊細谷雄一（ほそや・ゆういち）　第3章・おわりに　→奥付参照

奈良岡聰智（ならおか・そうち）　第4章

京都大学公共政策大学院教授．1975年青森県生まれ．京都大学大学院法学研究科博士後期課程修了．博士（法学）．著書に『加藤高明と政党政治』（吉田茂賞），『対華二十一ヵ条要求とは何だったのか』（サントリー学芸賞，アジア・太平洋賞大賞）など．

川島真（かわしま・しん）　第5章

東京大学大学院総合文化研究科教授．1968年東京都生まれ．東京大学大学院人文社会系研究科博士課程修了，博士（文学）．著書に『中国近代外交の形成』（サントリー学芸賞），『近代国家への模索』『21世紀の「中華」』『中国のフロンティア』など．

小林道彦（こばやし・みちひこ）　第6章

北九州市立大学基盤教育センター教授．1956年埼玉県生まれ．中央大学大学院文学研究科博士後期課程単位取得満期退学．博士（法学）．著書に『桂太郎』『政党内閣の崩壊と満州事変』（吉田茂賞），『児玉源太郎』『大正政変』，共編著に『歴史の桎梏を越えて』（大平正芳記念賞特別賞）など．

小谷賢（こたに・けん）　第7章

日本大学危機管理学部教授．1973年京都府生まれ．京都大学大学院

山内昌之（やまうち・まさゆき）

1947年札幌市生まれ．北海道大学大学院文学研究科博士課程修了．東京大学学術博士．現在，武蔵野大学国際総合研究所特任教授，ムハンマド五世大学客員教授．東京大学名誉教授．紫綬褒章受章．主著に『スルタンガリエフの夢』（サントリー学芸賞），『瀕死のリヴァイアサン』（毎日出版文化賞），『ラディカル・ヒストリー』（吉野作造賞），『岩波イスラーム辞典』（共編，毎日出版文化賞）など．

細谷雄一（ほそや・ゆういち）

1971年千葉県生まれ．慶應義塾大学大学院法学研究科政治学専攻博士課程修了．博士（法学）．現在，慶應義塾大学法学部教授．著書に『戦後国際秩序とイギリス外交』（サントリー学芸賞），『倫理的な戦争』（読売・吉野作造賞），『外交による平和』『大英帝国の外交官』『外交』『国際秩序』『歴史認識とは何か』『安保論争』『迷走するイギリス』『自主独立とは何か』など．

日本近現代史講義《にほんきんげんだいしこうぎ》
中公新書 2554

2019年 8 月25日発行

編著者 山内昌之
　　　 細谷雄一
発行者 松田陽三

本文印刷 三晃印刷
カバー印刷 大熊整美堂
製本 小泉製本

発行所 中央公論新社
〒100-8152
東京都千代田区大手町 1-7-1
電話 販売 03-5299-1730
　　 編集 03-5299-1830
URL http://www.chuko.co.jp/

Published by CHUOKORON-SHINSHA，INC.
Printed in Japan ISBN978-4-12-102554-8 C1221

日本史

d4

- 2107 近現代日本を史料で読む　御厨 貴編
- 190 大久保利通　毛利敏彦
- 2011 皇 族　小田部雄次
- 1836 華 族　小田部雄次
- 2379 元老―真の指導者たち　伊藤之雄
- 2492 帝国議会―西洋の衝撃から誕生までの格闘　久保田 哲
- 2528 三条実美《さんじょうさねとみ》　内藤一成
- 840 江藤新平（増訂版）　毛利敏彦
- 2051 伊藤博文　瀧井一博
- 2550 2551 大隈重信（上下）　伊藤之雄
- 2103 谷 干城　小林和幸
- 2212 近代日本の官僚　清水唯一朗
- 2294 明治維新と幕臣　門松秀樹
- 2483 明治の技術官僚　柏原宏紀
- 561 明治六年政変　毛利敏彦

- 1927 西南戦争　小川原正道
- 1584 東北―つくられた異境　河西英通
- 2320 沖縄の殿様　高橋義夫
- 252 ある明治人の記録（改版）　石光真人編著
- 161 秩父事件　井上幸治
- 2270 日清戦争　大谷 正
- 1792 日露戦争史　横手慎二
- 2509 陸奥宗光　佐々木雄一
- 2141 小村寿太郎　片山慶隆
- 881 後藤新平　北岡伸一
- 2393 シベリア出兵　麻田雅文
- 2269 日本鉄道史 幕末・明治篇　老川慶喜
- 2358 日本鉄道史 大正・昭和戦前篇　老川慶喜
- 2530 日本鉄道史 昭和戦後・平成篇　老川慶喜
- 2554 日本近現代史講義　山内昌之・細谷雄一編著